Curso de formação para leitores e comentaristas

Dados Internacionais de Catalogação na Publicação (CIP)
(Câmara Brasileira do Livro, SP, Brasil)

Pereira, José Carlos
      Curso de formação para leitores e comentaristas / José Carlos Pereira. – Petrópolis, RJ : Vozes, 2013.

      Bibliografia.

      7ª reimpressão, 2024.

      ISBN 978-85-326-4667-5

      1. Celebrações litúrgicas 2. Igreja Católica – Liturgia 3. Missa – Celebração I. Título.

13.09539   CDD-264.029

Índices para catálogo sistemático:
1. Proclamadores da Palavra : Leitores e comentaristas : Liturgia : Igreja Católica
264.029

JOSÉ CARLOS PEREIRA

Curso de formação para leitores e comentaristas

EDITORA VOZES

Petrópolis

© 2013, Editora Vozes Ltda.
Rua Frei Luís, 100
25689-900 Petrópolis, RJ
www.vozes.com.br
Brasil

Todos os direitos reservados. Nenhuma parte desta obra poderá ser reproduzida ou transmitida por qualquer forma e/ou quaisquer meios (eletrônico ou mecânico, incluindo fotocópia e gravação) ou arquivada em qualquer sistema ou banco de dados sem permissão escrita da editora.

CONSELHO EDITORIAL

Diretor
Volney J. Berkenbrock

Editores
Aline dos Santos Carneiro
Edrian Josué Pasini
Marilac Loraine Oleniki
Welder Lancieri Marchini

Conselheiros
Elói Dionísio Piva
Francisco Morás
Gilberto Gonçalves Garcia
Ludovico Garmus
Teobaldo Heidemann

Secretário executivo
Leonardo A.R.T. dos Santos

PRODUÇÃO EDITORIAL

Aline L.R. de Barros
Marcelo Telles
Mirela de Oliveira
Otaviano M. Cunha
Rafael de Oliveira
Samuel Rezende
Vanessa Luz
Verônica M. Guedes

Conselho de projetos editoriais
Luísa Ramos M. Lorenzi
Natália França
Priscilla A.F. Alves

Editoração: Fernando Sergio Olivetti da Rocha
Diagramação: Victor Mauricio Bello
Imagem da capa: ©jcjgphotography | Shutterstock
Capa: HiDesign Estúdio

ISBN 978-85-326-4667-5

Este livro foi composto e impresso pela Editora Vozes Ltda.

SUMÁRIO

Introdução, 7
1 O que é um Curso para Proclamadores da Palavra, 11
2 Justificativas para a realização, na paróquia, de um Curso para Proclamadores da Palavra, 15
3 Os objetivos e as metas de um Curso para Proclamadores da Palavra, 19
4 Como deve ser um Curso para Proclamadores da Palavra, 23
5 Métodos e conteúdo: Curso para Proclamadores da Palavra, 27
6 Procedimentos de quem proclama a Palavra, 57
7 Procedimentos de avaliação do curso e dos seus participantes, 69
Considerações finais, 73
Referências, 75
O autor, 79

Introdução

Organizar na paróquia um curso que prepare pessoas para proclamar a Palavra nas missas e Celebrações da Palavra é o objetivo deste livro. A elaboração de um subsídio como esse nasceu da constatação da necessidade de se ter pessoas devidamente preparadas para proclamar bem a Palavra, conferindo a ela, a Palavra de Deus, a dignidade que ela merece, pois, quando proclamamos a Palavra, emprestamos nossos lábios e a nossa voz a Deus, para que a voz de Deus seja ouvida através da nossa voz. Por essa razão, não se pode conferir algo tão importante a pessoas que estejam despreparadas, pois poderão desqualificar ou banalizar a Palavra de Deus, elemento central de nossas celebrações litúrgicas.

Usei aqui a palavra curso de propósito, porque curso é algo que visa preparar com seriedade alguém para exercer determinada função ou missão. Poderia ter usado o termo "encontro", como muitos preferem, mas encontro não confere a mesma seriedade do que curso. Encontro pode ser de amigos para uma conversa sem compromisso, ou algo eventual, sem maiores responsabilidades. Curso não. Curso significa que quem dele participa deve sair capacitado, preparado para o exercício daquilo que ele propõe. Este é um dos motivos do uso do termo "curso" de preparação para proclamadores da Palavra, porque é este mesmo o objetivo deste livro: ser um curso que prepare pessoas para exercer essa nobre função nas nossas sagradas liturgias.

Quando falamos de curso, lembramos também que ele deve ter alguns requisitos básicos, como, por exemplo, conteúdo e carga horária de aula que preencha os requisitos de um curso com tal propósito.

Assim sendo, esse curso deverá ter, no mínimo, sessenta horas de aula, que podem ser estendidas de acordo com a necessidade de cada paróquia. Antes de ser colocado no papel, esquematizado como livro, ele foi colocado em prática e deu certo. Ministrei esse curso por duas vezes, durante seis meses cada curso, em uma paróquia onde fui pároco, no interior de São Paulo, e ele deu bons resultados. Depois que as pessoas se prepararam, foi notável a diferença nas celebrações. A assembleia percebeu que a Palavra estava sendo proclamada de outra maneira e por pessoas que, de fato, estavam preparadas, o que não acontecia até então. Antes deste curso, as pessoas que proclamavam as leituras bíblicas eram escolhidas um pouco antes da missa, sem nenhuma preparação prévia, o que desmerecia a Palavra, pois muitas vezes a pessoa lia mal, dificultando o entendimento da Palavra e não tendo a postura e a entonação de voz que se deseja de uma pessoa que proclama a Palavra de Deus. Depois que a paróquia preparou um bom grupo de proclamadores da Palavra, até então chamados de "leitores", tudo mudou e a celebração ganhou qualidade e dignidade.

Desse modo, o curso deve conter aulas de Bíblia, para que se tenha pelo menos uma noção básica da Palavra de Deus; aulas com fonoaudiólogo, para o uso correto da voz; aulas de oratória e retórica, de modo que se tenha um bom domínio da fala; aulas práticas de uso de microfone; aulas de boas maneiras, cujo objetivo é para que a pessoa se porte bem no presbitério; aulas de eclesiologia, para que se tenha uma noção mínima da Igreja e da comunidade paroquial onde a pessoa presta esse serviço; aulas de liturgia etc. Todas essas aulas devem ser agrupadas em módulos, de modo que favoreça a aprendizagem e a prática dos temas tratados em aulas. Os professores devem ter a preparação e a qualificação adequadas para cada área e que saibam expor o tema, de modo que o torne agradável. A quantidade de aula para cada matéria vai depender da necessidade de cada paróquia, mas é importante que se tenha em conta a quantidade mínima de horas de aula.

Por se tratar de um curso, ele está aqui esquematizado de modo que facilite sua aplicação, ou seja, é mais método do que conteúdo. Os conteúdos estão sintetizados na indicação dos temas e cada paróquia deve encontrar professores ou assessores que os prepare e repasse para os participantes do curso. Eles foram colocados aqui numa determinada ordem, começando pelas coisas mais básicas e gerais, até atingir aquilo que é fundamental do curso: prática da proclamação da Palavra, conforme pede a liturgia da Igreja. Todo o seu entorno, isto é, os conteúdos preliminares, visam àquilo que é o essencial para a capacitação de bons leitores.

Desse modo, vamos ver cada um dos pontos que serão trabalhados neste curso e que aqui estão colocados como indicação para a implantação deste curso nas paróquias e demais comunidades eclesiais.

1 | O QUE É UM CURSO PARA PROCLAMADORES DA PALAVRA

Antes de qualquer outra abordagem é preciso definir o que é um Curso para Proclamadores da Palavra, pois sem ter claro o que é não podemos realizá-lo. Como o próprio nome diz, trata-se de um curso. Um curso voltado para pessoas que têm a função de proclamar a Palavra de Deus nas celebrações litúrgicas, como, por exemplo, nas missas, Celebrações da Palavra, ou outra celebração na qual se faça uso da Bíblia. Porém, o foco principal é a proclamação da Palavra na missa.

Como foi dito no início, curso é algo sistemático, que exige compromisso e seriedade de todos os envolvidos: os que organizam o evento, os que assessoram e os que dele participam como aprendizes. É um conjunto de atividades cujos atores devem estar empenhados, cada um na sua função, para que tudo funcione bem e se obtenham os resultados esperados.

Um curso dá credibilidade ao evento. Quando tratamos os eventos formativos da paróquia como encontro ou reunião, eles se esvaziam e as pessoas não o veem com o mesmo objetivo de um curso, cuja finalidade é capacitar, qualificar, formar pessoas para determinada função. E a função à qual esse curso visa formar não é qualquer função. É algo sublime, sagrado, de uma importância incomensurável para o conjunto da celebração. Por essa razão é preciso pessoas bem preparadas.

O segundo ponto é que se trata de um curso com um objetivo explícito: formar pessoas que sejam proclamadoras da Palavra e não meros leitores. Assim sendo, o termo leitor não é o mais indicado quando se trata de leitura bíblica no contexto de uma celebração. A leitura bíblica se faz em um encontro, em uma aula ou em outras circunstâncias. Mas, quando se trata da missa, é proclamação da Palavra. Há quem faça distinção entre leitura e proclamação da Palavra mesmo em se tratando da missa, afirmando que a primeira e segunda leituras são lidas, o Salmo recitado e o Evangelho proclamado. Mas aqui colocamos todas, indistintamente, como proclamação.

Assim sendo, um Curso para Proclamadores da Palavra não é um curso apenas para leitores. É muito mais que isso, embora os proclamadores da Palavra tenham que ser bons leitores. Não proclama bem aquele que não lê bem, portanto, a leitura é um primeiro passo, e por essa razão serão dadas aqui dicas de leituras, para que os proclamadores antes de tudo leiam bem.

Um Curso para Proclamadores da Palavra deve contemplar os elementos básicos de um curso com este objetivo. Assim sendo, é preciso que na sua carga horária estejam contempladas aulas de Bíblia. Não precisa ser um curso de exegese ou de hermenêutica bíblica, embora estes dois elementos possam estar sutilmente contemplados nestas aulas, mas o mais importante é que os participantes tenham noção básica da Bíblia, para saber distinguir os tipos de livros da Bíblia e seu gênero literário. Cada gênero literário precisa de uma maneira específica de leitura ou proclamação. Não se proclama um Salmo da mesma maneira que se proclama uma carta ou epístola, como não se proclama o Evangelho como se proclama um texto do Antigo Testamento. Assim, as aulas de Bíblia devem acentuar estas diferenças, entre outras coisas.

É preciso também que este curso tenha aulas de liturgia. Noções básicas de liturgia são fundamentais para quem proclama a Palavra. Assim, evitam-se coisas do tipo: trocar o Salmo por um canto qualquer de meditação, ou versões do Salmo que não correspondam com fidelidade ao texto; proclamar o Salmo do coral e não da mesa da Palavra; não fazer reverência ou vênia diante do altar e da mesa da Palavra quando se vai proclamar a Palavra; além disso, é importante conhecer liturgia de modo que se tenham noções básicas do Ano Litúrgico, para poder identificar as leituras no Lecionário, como, por exemplo, Ano A, B e C, entre outras coisas práticas.

Um Curso para Proclamadores da Palavra deve também contemplar aulas de eclesiologia, pois é de se supor que quem proclama a Palavra sejam pessoas que participam da comunidade paroquial, da Igreja. Alguém que participa da comunidade deve saber como funciona uma comunidade paroquial, como é a Igreja, para poder atuar bem e responder com solicitude ao chamado que Deus lhe fez para a missão de ser um proclamador de sua Palavra dentro de uma Igreja que tem várias dimensões, dentre elas, hierárquica e missionária. Hierárquica no sentido de um poder que vem do alto, com instâncias e papéis bem-definidos, e missionária, como aquela que tem a missão de anunciar a Palavra até os confins da Terra, começando pela própria comunidade paroquial onde a pessoa atua.

É preciso também que esse curso tenha aulas de espiritualidade. Sabemos que, de uma forma ou de outra, quem participa da comunidade tem algum tipo de espiritualidade, mas é preciso lapidá-la, pois espiritualidade é confundida, muitas vezes, com devoção. Espiritualidade é algo muito mais aprimorado. É algo que nos coloca em sintonia com Deus e que precisa ser cultivado para que não se esvazie. Proclamar a Palavra sem espiritualidade torna-a numa leitura apenas. O que difere uma leitura de uma proclamação é exatamente a espiritualidade. Por essa razão, trabalhar os conceitos de espiritualidade e fazer exercícios espirituais é fundamental no Curso para Proclamadores da Palavra.

Ainda dentro da área da formação humana, contemplem neste curso aulas de boas maneiras, adaptadas ao espaço sagrado. Assim, os proclamadores da Palavra vão saber como se comportar no presbitério, na procissão de entrada e em qualquer outro espaço sagrado. Estas aulas podem seguir os mesmos métodos tradicionais das aulas de boas maneiras que se tem no mercado, com a diferença que agora se trata de boas maneiras no espaço sagrado.

Na parte técnica este curso deve contemplar aulas de impostação de voz e uso do microfone. Para isso, convide assessores que conheçam tais técnicas. No caso da impostação de voz, a pessoa mais indicada é alguém da área da fonoaudiologia. E, no caso do uso correto do microfone, um técnico de som.

Enfim, um Curso para Proclamadores da Palavra é um curso que deve preparar pessoas que proclamem bem a Palavra, conferindo a ela a dignidade que ela merece.

2 | Justificativas para a realização, na paróquia, de um Curso para Proclamadores da Palavra

São muitas as justificativas que podemos dar para a realização de um curso desta natureza na paróquia. Apontarei aqui algumas delas, mas, além destas, cada paróquia poderá ter as suas razões e justificativas. Todas, portanto, estão voltadas para a valorização da Palavra de Deus, conferindo a ela a dignidade que merece.

Preparar pessoas: a primeira razão é a de preparar pessoas que proclamem bem a Palavra. Infelizmente nem todas as equipes de liturgia de nossas paróquias têm essa preocupação. É comum ver pessoas sendo escolhidas para fazer leituras um pouco antes de a missa começar. Esse é um procedimento inadequado e, se a pessoa tiver bom-senso e o mínimo conhecimento de liturgia, deve recusar o pedido, pois para proclamar bem a Palavra não basta saber ler, é preciso que se tenha antes rezado, meditado a Palavra que será proclamada. Uma paróquia que se preza deve, por essa e outras razões, oferecer um curso que prepare as pessoas que irão proclamar a Palavra e somente escalar para essa função pessoas que tenham feito tal preparação. Esse procedimento mostra a seriedade que se tem com a Palavra de Deus e com toda a Sagrada Liturgia.

Investimento na formação: outra razão para se promover um Curso para Proclamadores da Palavra é a preocupação com a formação dos agentes de pastoral. Desde a Conferência de Aparecida que a Igreja vem insistindo na formação dos nossos agentes de pastoral, leigos e consagrados, pois sem preparação, formação adequada, não se pode esperar bons resultados nas ações missionárias, pastorais, sobretudo quando se trata de algo tão sagrado quanto a proclamação da Palavra. Estamos acostumados a ver por aí, nas esquinas e praças, pessoas com pouca ou nenhuma preparação bíblica arrogando proclamar a Palavra sem se dar conta que estão, na verdade, banalizando a Palavra. O mesmo acontece nas nossas paróquias se não investirmos na formação dos leigos. Proclamar a Palavra sem ter tido antes uma preparação adequada é banalizá-la. Promover um Curso para Proclamadores da Palavra é o primeiro passo para se ter uma paróquia que verdadeiramente celebra a liturgia e confere às leituras bíblicas o *status* de *Palavra do Senhor* e *Palavra da Salvação*. Preparar bem os leigos é investimento na formação, e investimento na formação é investimento certo.

Demonstração de zelo litúrgico: além do que já foi dito antes, um Curso para Proclamadores da Palavra revela o zelo litúrgico da paróquia. Uma paróquia que se preocupa com a Sagrada Liturgia e a vê como o cume e a fonte de toda a ação pastoral (SC 10), que por isso prepara bem os seus leitores e comentaristas, ou seja, os seus proclamadores da Palavra, dirigentes ou animadores das celebrações. Zelo litúrgico é cuidado com a liturgia. É celebrar a Santa Eucaristia, e demais celebrações, litúrgicas com o respeito e a dignidade que ela merece, sem fazê-la mecanicamente, ou por obrigação.

Demonstração de humildade: reconhecer que precisamos aprender sempre mais e que por isso necessitamos sempre de eventos formativos como esse ora proposto, é um ato de humildade. Por essa razão, ao promover um Curso para Proclamadores da Palavra, a paróquia mostra que está aberta a mudanças, aos novos conhecimentos, e que deseja melhorar cada vez mais suas ações litúrgicas e pastorais. Aqueles que dizem que não precisam de formação são, na verdade, os que mais precisam. Por essa razão, devem ser convocados em primeiro lugar para um Curso para Proclamadores da Palavra aqueles que já fazem leituras nas missas, inclusive os que estão desempenhando essa função há muito tempo, mas que nunca tiveram uma formação sistemática como esta que está sendo proposta. Se a pessoa se recusar a fazer é sinal que ela não merece estar ali proclamando a Palavra, pois o primeiro quesito para proclamar a Palavra nas celebrações litúrgicas é a humildade.

Cuidados pastorais: se a promoção de um Curso para Proclamadores da Palavra significa zelo litúrgico, como vimos antes, significa também cuidados pastorais. É dever do pároco, ou de quem faz a sua vez, ter cuidados pastorais, e cuidado pastoral é também cuidado com a liturgia, com a vida das celebrações, e ela só será qualificada se houver pessoas que proclamem bem a Palavra. Isso serve também para os padres, pois não é incomum ver padres que não proclamam bem a Palavra, seja por problemas de dicção, ou mesmo por desconhecerem técnicas de uso do microfone, ou ainda por falta mesmo de preparação litúrgica. Por essa razão, é bom que o padre também participe de algumas aulas desse curso, principalmente daquelas que abordam temas nos quais ele tem maior dificuldade. Por exemplo, se ele não sabe usar bem o microfone, aprenda as técnicas e faça uso corretamente; ou se não consegue elaborar bem uma homilia, ou se expressar bem quando a profere, busque participar das aulas desse curso que ajudam neste ponto. Para saber o que os fiéis acham da proclamação da Palavra por parte do padre (proclamação do Evangelho e homilia), basta fazer uma pesquisa na comunidade, de modo que as pessoas possam se manifestar livremente sem se identificarem. Teremos um resultado real e, a partir dele, o padre poderá investir mais naquilo que foi apontado como deficiência. Isso é também zelo pastoral.

Amor à comunidade: é uma profunda demonstração de amor à comunidade e à Palavra de Deus a promoção de um curso que capacite proclamadores da Palavra. Diz o adágio popular que "quem ama, cuida". Quem ama a sua comunidade paroquial, investe nela. A paróquia que promove um curso desta natureza revela o interesse que tem pelos seus fiéis e pela qualidade dos seus serviços.

Espírito missionário: é também a revelação do espírito missionário da paróquia oferecer à comunidade um Curso para Proclamadores da Palavra. O bom missionário é aquele que anuncia a Palavra, e para anunciá-la é preciso estar preparado. Que bom seria se todos os nossos agentes de pastoral, independentemente da pastoral que atuam, tivessem uma boa formação bíblica e litúrgica. Seus trabalhos seriam mais fecundos, dariam mais resultados. Não é possível evangelizar sem conhecer a Palavra, e não é possível conhecer a Palavra sem saber proclamá-la. Uma coisa está estreitamente ligada à outra. Por essa razão, é de suma importância para a vida missionária da paróquia um Curso para Proclamadores da Palavra.

Valorização da Palavra de Deus: por fim, aquilo que apontamos no início: a valorização da Palavra de Deus. Essa é a razão suprema e da qual emanam todas as demais justificativas. Somente quem valoriza a Palavra de Deus é que se preocupa em proclamá-la bem, e proclama bem a Palavra aquele que se prepara para isso. Assim sendo, justifica a organização e promoção na paróquia de um Curso para Proclamadores da Palavra o fato de valorizá-la como Palavra de Deus no meio de nós. É uma forma de a paróquia demonstrar que preza pelo sagrado. Essa modalidade de formação vem somar forças com as outras que já existem na paróquia, como, por exemplo, a catequese, os estudos bíblicos e outras formações que acontecem no seio dela que ajudam a qualificar os fiéis e valorizar a Palavra de Deus. Estas são algumas justificativas para que se realize na paróquia cursos para proclamadores da Palavra.

3 | Os objetivos e as metas de um Curso para Proclamadores da Palavra

Ao justificar, acima, a necessidade de se promover na paróquia um Curso para Proclamadores da Palavra, lembramos que tal promoção tem seus objetivos. Alguns já foram apontados anteriormente dentro das justificativas, mas quero agora indicar outros, bem como as metas que se pretende atingir com a realização deste curso na paróquia.

Meta e objetivo, embora pareçam termos similares, não quer dizer a mesma coisa. Meta é aquilo que queremos atingir, particularmente, e objetivo é algo mais amplo, é o que corresponde à coletividade, no caso a Igreja, e não apenas uma paróquia específica. Meta é aquilo que cada paróquia deseja atingir, na sua especificidade ou particularidade, quando oferece um curso desta natureza, e objetivo é aquilo que todas, independentemente da sua realidade, deseja atingir ao oferecer o mesmo curso. Quando a paróquia prepara o seu Plano de Pastoral, traçando diretrizes para a comunidade, ela está traçando metas pastorais. É isso que a torna única, com suas particularidades, com um perfil pastoral bem original, mesmo fazendo parte de uma conjuntura diocesana, com orientações da sua Igreja particular, a diocese. Assim, dentro da pastoral de conjunto da diocese, cada paróquia busca promover as suas ações pastorais por diferentes caminhos, conforme suas necessidades pastorais, sem perder de vista os objetivos pastorais da diocese e da Igreja, de um modo geral. Assim sendo, objetivo é aquilo que é comum a todas as paróquias e à Igreja, e meta é aquilo que cada paróquia busca atingir ao promover tais serviços ou ações pastorais.

Com esta breve elucidação dos termos, vejamos os objetivos do Curso para Proclamadores da Palavra e, a partir destes objetivos, cada paróquia poderá traçar as suas metas, que podem ser comuns a outras paróquias, mas não necessariamente.

Objetivos

O objetivo primordial de um Curso para Proclamadores da Palavra está no campo da liturgia. Desde o Concílio Vaticano II que a Igreja vem acentuando o papel do leigo nas nossas celebrações, dentre eles, o de proclamador da Palavra. Porém, mesmo com essa abertura concedida aos leigos, na qual encontramos respaldo no Decreto *Apostolicam Actuositatem*, pouco se investiu na sua formação e ainda hoje é comum presenciar pessoas que não exercem esse papel como deveriam, com a qualificação que a função exige. Investe-se em muitas coisas em nossas paróquias, porém, investimento da natureza aqui proposta, ainda é algo muito tímido, o que revela uma série de situações, dentre elas, o desinteresse pelo esmero litúrgico e a desvalorização do sagrado. Se por um lado fala-se tanto em evangelização e em missão, por outro se esquece de preparar evangelizadores e missionários, de modo que estes saibam proclamar, anunciar a Palavra com eficiência, qualidade e dignidade, procedimentos centrais de nossos projetos de evangelização. Assim sendo, o objetivo principal é preparar pessoas que proclamem bem a Palavra, seja nas missas, nas Celebrações da Palavra, nos demais atos litúrgicos da paróquia e no próprio processo de evangelização da Igreja, nas suas mais variadas modalidades e versões, como, por exemplo, o *Projeto de Evangelização o Brasil na Missão Continental*, o qual pede, no seu objetivo geral, para que as paróquias se abram ao impulso do Espírito Santo e incentivem, nas suas comunidades e em cada batizado, o processo de conversão pessoal e pastoral ao estado permanente de missão, para a vida plena (cf. Doc. CNBB, n. 88: 9). Este abrir-se ao impulso do Espírito Santo consiste, entre outras coisas, possibilitar que os leigos conheçam a Sagrada Liturgia, vivendo e celebrando conforme as orientações da Igreja presente na Encíclica *Sacrosanctum Concilium* e no Documento da Animação da Vida Litúrgica no Brasil (n. 43).

Com base nos objetivos específicos do Projeto de Evangelização "O Brasil na Missão Continental", o Curso para Proclamadores da Palavra visa também: Proporcionar aos leitores que irão proclamar a Palavra nas nossas celebrações o encontro com Cristo através da sua leitura e proclamação, antes, durante e depois da proclamação; favorecer que quem escuta a Palavra a entenda e faça dela o meio de encontro com Deus; promover a formação dos leitores, de modo que eles passem do estágio de meros leitores para proclamadores da Palavra, sustentando, assim, a sua conversão pessoal e a de quem ouve a Palavra proclamada; repensar a organização litúrgica de nossas celebrações, conferindo à liturgia da Palavra a dignidade que ela merece; organizar a estrutura de nossas celebrações, de modo que elas sejam momentos de verdadeira evangelização; favorecer o acesso de todos à Palavra, para que todos os presentes na celebração ouçam e entendam o que se está proclamando na mesa da Palavra. Cabe aqui formar pessoas que possam traduzir em libra o que se está proclamando, caso tenham na assembleia pessoas portadoras de deficiência auditiva; aprofundar a missão evangelizadora da paróquia, começando por aquilo que lhe é essencial: a proclamação da Palavra de modo adequado às normas litúrgicas; proclamar a Palavra de modo que ela ajude a discernir os sinais do Espírito Santo na vida das pessoas e na sua história.

Metas

Que os leitores que proclamam a Palavra nas nossas celebrações conheçam as orientações litúrgicas da Igreja sobre a proclamação da Palavra; despertar, em cada leitor, o desejo de encontro com o Senhor, através da proclamação da Palavra, e que esse desejo contagie os que escutam a Palavra proclamada; que cada leitor conheça o método da *Lectio Divina*, ou Leitura orante da Bíblia, para aplicá-lo na sua vida pessoal e comunitária. Que esse exercício seja feito antes da proclamação da Palavra na missa; formar na paróquia grupos da *Lectio Divina*, para que o exercício da proclamação da Palavra não seja apenas uma leitura, ou mesmo um estudo da Palavra, mas que a Palavra de Deus seja encarnada na vida de quem a proclama; colocar no Plano Pastoral Paroquial o Curso para Proclamadores da Palavra, de modo que ele conste no calendário da paróquia e possa ser realizado todos os anos, conforme a necessidade de cada paróquia; preparar pessoas que possam ensinar a outras; preparar pessoas para proclamar também o primeiro anúncio e para a catequese; desenvolver não somente a técnica da proclamação, mas também a espiritualidade de quem proclama a Palavra; favorecer o reencantamento dos leitores que proclamam a Palavra; reorganizar e fortalecer a pastoral litúrgica; cuidar da celebração do Domingo como Dia do Senhor; dar ênfase à Palavra;

Estas são algumas das metas que as paróquias podem perseguir com a realização de um Curso para Proclamadores da Palavra. Outras podem e devem surgir de acordo com a realidade de cada paróquia.

4 | Como deve ser um Curso para Proclamadores da Palavra

Pretendo aqui colocar algumas orientações que possam ajudar as paróquias a realizar este curso ora proposto, dando algumas dicas de como ele deve ser feito. Recordo que, como disse no início, este curso já foi colocado em prática e deu certo e, por essa razão, quero indicar os mesmos procedimentos, de modo que ele venha a dar certo em outras paróquias, independentemente da realidade onde elas se encontram, bastando apenas fazer algumas adaptações e ajustes.

Em primeiro lugar, é preciso enfatizar a organização, tanto das matérias quanto dos palestrantes e do cronograma, entre outras coisas que fazem parte do conjunto do curso e que precisam ser pensadas e planejadas para que as coisas funcionem bem.

Procedimentos para uma boa organização

Passo a passo de uma boa organização.

Sondagem na comunidade sobre a realização do curso: antes de organizar e realizar o curso, é importante que se faça primeiro uma sondagem na e com a comunidade, sobre a viabilidade e o interesse neste investimento formativo. Esse procedimento ajuda a mapear a aceitação do curso, bem como os recursos humanos, isto é, os assessores ou palestrantes, os coordenadores e demais pessoas que se poderá contar na hora de organizar e executá-lo. Vale lembrar que tais pessoas são fundamentais para que o evento dê certo. Além disso, é importante ter uma noção prévia de como as pessoas, os atuais leitores e comentaristas, e outros que desejam desempenhar essa função, veem a realização desta formação.

Geralmente um curso assim é muito bem-vindo, pois as pessoas comumente necessitam de preparação e estão abertas a ela. *Como pode ser feita essa sondagem?* Em primeiro lugar, leve a proposta para a reunião do CPP (Conselho Paroquial de Pastoral). Essa é a primeira instância a ser consultada. Desta consulta sairão os procedimentos de consulta à comunidade; em seguida, reúna com as pessoas que já fazem leitura e comentários na missa e faça a eles a proposta desse curso; depois faça uma pesquisa com as pessoas que frequentam a missa e vejam o que eles acham dos leitores que a comunidade tem e se eles precisam de formação. Essa pesquisa poderá ser feita de modo que as pessoas não precisem se identificar, como, por exemplo, deixando ao fundo da igreja uma urna onde as pessoas poderão colocar ali seu ponto de vista, suas sugestões, enfim, algo que revele o olhar crítico da comunidade sobre aqueles que desempenham a função de proclamadores da Palavra. Uma vez feito esse primeiro procedimento, e obtido um resultado favorável em relação à realização do curso, é hora de dar os outros passos.

Formação da equipe de coordenação do curso: a equipe de coordenação deve constar de, no mínimo, quatro pessoas: um coordenador e seu vice, um secretário e uma quarta pessoa que se responsabilize com a parte técnica de organização prática, às quais veremos mais adiante. Pode haver mais pessoas, mas é importante que estas quatro pessoas trabalhem unidas e desempenhem com afinco as funções que lhes cabem, sem perder a visão de equipe.

Os palestrantes, assessores ou professores: palestrantes ou assessores são aquelas pessoas responsáveis pelas aulas, que podem também ser chamadas de professores. São elas a "a alma" do curso. Delas depende a qualidade do conteúdo dado e por essa razão cabe à equipe de coordenação escolher pessoas devidamente preparadas, que tenham boa didática e bom conteúdo, fazendo com que o curso seja de fato qualificado.

Os destinatários do curso: como o próprio nome diz, o curso é para os que fazem, ou desejam fazer leituras nas missas e demais celebrações litúrgicas, mas pode ser também aberto para outras pessoas que, embora não pretendam ser proclamadoras da Palavra, isto é, leitoras, queiram obter maiores conhecimentos, investir na sua formação. Os critérios para a inscrição neste curso cabem às paróquias, isto é, à equipe de coordenação do curso, juntamente com o pároco.

As aulas: que as aulas sejam ministradas em dias e horários que favoreça a participação de um maior número de pessoas, como, por exemplo, à noite, para dar oportunidade às pessoas que trabalham durante o dia, ou nos finais de semana, para que os jovens que trabalham durante o dia e estudam à noite possam participar, calculando o tempo de cada aula.

A carga horária do curso: cada paróquia deve estipular uma determinada carga horária do curso, distribuídas de acordo com a necessidade de cada matéria dada. Vale lembrar que esta quantidade de aula é apenas uma sugestão, conforme o curso já dado, mas que cada paróquia poderá ver, junto com sua equipe, as suas reais necessidades. Outra recomendação é que a parte prática seja bastante exercitada, de modo que as pessoas treinem bastante neste curso antes de exercer seu ofício de proclamador da Palavra, ou o leitorato, como oficialmente é chamada essa função, que faz parte das ordens menores.

O espaço onde ocorrem as aulas e oficinas: a equipe de coordenação, juntamente com o pároco, deve providenciar um espaço adequado para realizar o curso. Uma sala que comporte a todos confortavelmente e que tenha alguns recursos básicos, como, por exemplo, quadro, possibilidade de conexão dos aparelhos de multimídia (Datashow, notebook), TV e, se possível, conexão com internet. A sala deve dispor de um armário exclusivo para guardar os materiais do curso.

Os materiais do curso: é importante que cada participante tenha um exemplar deste livro. Ele será o subsídio básico do curso, mas, além deste, os participantes usarão a Bíblia, caneta, papéis etc. Cada professor irá indicar os demais subsídios usados nas suas aulas, que podem ser apostilas ou outros materiais. A equipe deve providenciar pincéis para quadro-branco ou giz para quadro-negro; lista de presença; mesa da palavra, tipo ambão, para os exercícios de leitura; microfone e caixa de som, para os professores e o exercício dos alunos. Vale lembrar que o microfone é muito importante, pois ele será usado para treinamento para o uso adequado delas na hora de proclamar a Palavra.

As avaliações: cada professor deve buscar uma maneira de avaliar a matéria dada, de modo que se tenha um retorno da aprendizagem e assimilação do conteúdo passado nas aulas. Não obstante a avaliação de cada professor, referente à sua matéria, é importante que no final a equipe de coordenação prepare uma avaliação geral do curso, buscando obter dados que ajudem a avaliar a viabilidade do curso e a aceitação deste pelos participantes, bem como o valor dele como instrumento de formação ou capacitação de agentes de pastoral para a paróquia.

As frequências dos participantes: é importante que a frequência dos participantes seja controlada através de uma lista de presença, que pode ficar com o secretário, ou seu auxiliar, numa mesa na entrada da sala. Assim que a pessoa chega, assina a lista, no local onde está impresso o seu nome. Essa lista deve ser por matéria e nela deve constar o nome de todos os inscritos no curso, bem como a data em que foi ministrada a aula.

O certificado de conclusão do curso: ao término do curso emita um certificado de conclusão aos que forem aprovados.

A cerimônia de investidura (o grau do leitorato): após a conclusão do curso faça uma cerimônia de investidura dos novos leitores, ou proclamadores da Palavra. Essa cerimônia deve ser uma missa em ação de graças, de preferência presidida pelo bispo, ou por um representante dele, na qual os participantes aprovados receberão o certificado e serão investidos com o grau de leitor (leitorato), ou "proclamadores da Palavra".

A confraternização de conclusão do curso: não esqueçam também de fazer uma confraternização de encerramento do curso, um momento festivo, com música, comidas e bebidas. A confraternização pode ser após a missa de ação de graças, ou em outro momento que o grupo escolher.

5 | Métodos e conteúdo: Curso para Proclamadores da Palavra

Embora já se tenha dito alguma coisa referente a estes temas, cabe aqui enfatizá-los e destacá-los porque se trata de algo elementar do Curso para Proclamadores da Palavra. São os conteúdos e os métodos empregados que qualificarão o curso, e este, por sua vez, capacitará os seus participantes para aquilo que ele se propõe.

Indicaremos, agora, um pouco dos conteúdos que poderão ser abordados nas aulas. Eles servem apenas como guia para a equipe coordenadora do curso e os professores. Cada professor combine antes com a equipe coordenadora do curso para enfatizar mais aquilo que for necessário na formação dos leitores e comentaristas.

Introdução à Bíblia

Aprendendo a manusear a Bíblia: boa parte de nossos leitores e comentaristas não sabe o básico sobre a Bíblia: manuseá-la. Ou seja, tem dificuldade de encontrar capítulos e versículos e saber o significado destas separações didáticas que a Bíblia tem, como, por exemplo, a vírgula, que separa capítulo de versículo; o ponto e vírgula, que separa capítulos e livros; o ponto que separa versículo de versículo, quando não seguidos; o hífen que indica sequência de capítulos ou versículos etc. Estas separações estão lá, no Lecionário, e é bom que os leitores e comentaristas saibam disso e entendam o porquê dessas pontuações. Dentro dessa parte prática, explique também sobre as abreviaturas dos livros da Bíblia; as divisões básicas do Novo e Antigo Testamento; os tipos de livros da Bíblia e as características de cada um, sempre fazendo uma ligação com o calendário litúrgico e as leituras que cada tempo litúrgico traz. Faça também aqui um exercício prático para ver o grau de conhecimento dos participantes e a agilidade que eles têm para encontrar na Bíblia um determinado texto.

Conhecendo a Bíblia: enfatize as diferenças entre uma leitura do Antigo Testamento e do Novo; as diferenças entre um Salmo e uma carta ou epístola; os gêneros literários que se encontram na Bíblia; as tradições etc. Enfim, procure passar nas aulas de introdução à Bíblia, o ABC da Bíblia, que consiste naquilo que é o essencial para quem vai proclamar a Palavra. Faça oficinas de leituras bíblicas, destacando as diferenças que se deve dar na entonação da voz de acordo com cada tipo de leitura.

Liturgia

Noções básicas de liturgia: todo leitor e comentarista deveria ter ao menos uma noção básica de liturgia para poder agir com mais desenvoltura e saber manusear o Lecionário, encontrando nele as leituras a serem proclamadas, bem como conhecer um pouco do Missal Romano, livros oficiais da Igreja nas nossas celebrações litúrgicas. *Calendário litúrgico*: em primeiro lugar, explique o que é liturgia e o calendário litúrgico, mostrando as cores litúrgicas; o ciclo da liturgia; os anos pares e ímpares; os anos A, B e C e suas respectivas particularidades etc.

Missa parte por parte: explica nas aulas de liturgia a missa parte por parte, dando ênfase à liturgia da Palavra, área de atuação dos leitores. Há diversos subsídios sobre esse tema. Alguns estão indicados na bibliografia final.

Canto litúrgico: explique algo sobre o canto litúrgico. É fundamental que se saiba sobre isso para não cometer erros, por exemplo, na hora de proclamar o Salmo. Recomenda-se que os Salmos sejam cantados, mas para isso há melodias apropriadas para que não se incorra no erro de colocar nos Salmos versões, ou proclamar os Salmos com melodias de cantos profanos ou que desvirtuem as suas características. Além disso, é importante que se conheça as partes da missa que devem ser cantadas e os cantos apropriados para cada momento.

Conhecer o *Missal Romano*: embora seja um livro extenso, é importante que se ofereça nas aulas de liturgia algumas explicações sobre esse livro, usado pelo presidente da celebração e que contém as orientações litúrgicas oficiais da Igreja. Quem segue o Missal Romano não erra na liturgia e a faz com esmero. A Introdução do Missal Romano traz as orientações fundamentais da liturgia da missa e outras recomendações litúrgicas que se devem conhecer para atuar melhor nas celebrações.

Conhecer o *Lecionário*: o Lecionário é o livro básico dos leitores, e por essa razão deve ser conhecido e estudado para saber manuseá-lo. É comum ver pessoas fazendo leitura errada porque não observaram na hora da proclamação que a página estava virada, ou que estava marcada no ano litúrgico errado. Quem conhece o Lecionário, observa antes de proclamar a Palavra se as páginas estão marcadas corretamente.

Oficinas de liturgia: as oficinas de liturgia podem ser também exercício de leituras bíblicas; identificação de cores litúrgicas; marcação do Lecionário e do Missal correspondente à liturgia do tempo vigente, ou de outro tempo litúrgico qualquer etc.

Eclesiologia

Noções básicas: não é preciso que se dê um curso acadêmico de eclesiologia, mas as noções básicas desta matéria, definindo conceitos e mostrando a importância de se conhecer a igreja, a paróquia e suas estruturas para que cada leitor saiba onde e por que está ali atuando naquela função. Deve-se fazer nestas aulas reflexões que levem as pessoas a entenderem, à luz da fé, seu relacionamento com a Igreja. *Conhecer um pouco da hierarquia da Igreja*: Qual o significado da Igreja? Passar algumas informações sobre a hierarquia da Igreja (de Roma – papa; do Brasil – CNBB; da Igreja particular – a diocese; da paróquia e suas estruturas pastorais e administrativas etc.).

Conhecer os organismos paroquiais: a pastoral de conjunto e a conjuntura pastoral da paróquia; os movimentos eclesiais e paroquiais; a parte administrativa (financeira, patrimonial, trabalhista, pastoral, voluntariado etc.); as dimensões da paróquia, inclusive a dimensão missionária, relacionando tudo isso com a vivência da fé e do compromisso pastoral da Igreja.

Ser Igreja: dar noções fundamentais do que significa ser Igreja; enfoque na espinha dorsal da Igreja, os sacramentos e o compromisso que deles emanam para a vida daqueles que os recebem; mostrar que a Igreja é todo aquele que foi batizado e não apenas a hierarquia ou as construções.

Dar noções sobre alguns documentos conciliares: oferecer algumas noções sobre o Compêndio do Vaticano II, sobretudo algo sobre a *Gaudium et Spes*, que fala da "esperança do povo"; as Conferências do Episcopado Latino-Americano e caribenho (Medellín; Puebla; Santo Domingo e Aparecida); indicar os pontos principais das Diretrizes Gerais da Ação Evangelizadora da Igreja no Brasil etc.

Aulas com profissional da fonoaudiologia

Conforme o sugerido na grade curricular, ter algumas aulas com um profissional da área da fonoaudiologia é importante para quem é ou pretende ser leitor e comentarista na missa. O fonoaudiólogo cuida das questões ligadas à comunicação oral e escrita e sua função é tratar de deficiências da fala, audição, voz e escrita ou leitura. Por essa razão, ter um fonoaudiólogo na equipe de professores é de suma importância em um curso que pretende capacitar leitores e comentaristas. Estas aulas podem consistir em algumas teorias e práticas sobre o uso correto da voz, da respiração e de outros recursos que usamos na hora da leitura. Muitas pessoas não leem bem porque não sabem usar bem a voz e respira inadequadamente, ou respira pela boca. Quando isso é apenas hábito e não exige tratamento mais especializado, é de fácil correção com alguns exercícios que o profissional da fonoaudiologia poderá passar. Estes exercícios podem ser feitos por todos os alunos e não apenas por aqueles que têm maior dificuldade.

Quanto aos exercícios de respiração, vale lembrar que durante a proclamação da Palavra encontramos frases ou períodos mais longos que outros, e, nestes casos, estes deverão ser lidos de uma só vez, ou seja, num só fôlego. Para isso, temos que controlar melhor a respiração. Neste caso, a primeira coisa a fazer é estudar o texto, lendo e identificando frases em que será necessário o emprego de maiores ou menores tomadas de ar, e exercitar a respiração lendo o texto; depois, na hora da proclamação da Palavra, saber usar bem esse recurso. Desse modo, o professor deverá passar nas aulas algumas técnicas de respiração durante a leitura. Elas, sem dúvida, favorecerão a boa proclamação da Palavra.

Técnica de som

Ter aulas de técnica de som em um Curso para Proclamadores da Palavra não quer dizer que a pessoa que fará o curso sairá dele perita no assunto, mas que ela terá algumas noções básicas de uso dos instrumentos eletrônicos que a paróquia possui, do microfone ao aparelho de som, passando pela acústica da igreja, do posicionamento correto do corpo e da voz diante dos aparatos eletrônicos, bem como do uso adequado dos instrumentos de som (violão, órgão, teclado ou piano, bateria, guitarra etc.), das caixas e amplificadores de som, enfim, o uso adequado para que os instrumentos cumpram sua função, que é a de melhorar a comunicação entre o emissor e o receptor durante a celebração.

Assim sendo, não basta ler bem, é preciso que a pessoa saiba usar corretamente o microfone e se posicionar de maneira que a voz seja ouvida e a compreendida. Para isso, será preciso que se aprendam algumas regras básicas, que qualquer pessoa pode aprender e aplicar na hora de proclamar a Palavra nas celebrações.

Há pessoas que, pela falta de costume, terão dificuldade de lidar com o microfone na hora da leitura, colocando-o em posição errada e, com isso, dificultar a compreensão da assembleia. Há os que colocam o microfone muito perto da boca e a voz sai como se a pessoa estivesse falando dentro de uma caixa; e outros que colocam muito distante, ou na lateral, de modo que o microfone não capta direito o som que sai da boca de quem lê. Há ainda os que não calculam a distância do microfone, deixando-o às vezes muito perto, ou às vezes muito longe.

É importante lembrar que a regulagem da mesa de som deve estar equalizada de modo padrão, para não precisar mexer no sistema central de som cada vez que uma pessoa diferente for ler. Cada pessoa tem um timbre de voz, e a regulagem do som deve ser feita por ela, posicionando o microfone corretamente de acordo com a sua voz. Assim sendo, é preciso que a pessoa tenha algumas noções para poder fazer tais ajustes na hora da leitura, sem precisar que se altere a frequência do som no sistema, e sem chamar a atenção da assembleia.

Ao tratar das técnicas de som é preciso que se tenha em conta três aspectos muito importantes no que diz respeito ao bom funcionamento da sonorização da igreja: acústica do ambiente; pessoas que fazem uso dos instrumentos; e equipamentos. Por falta de conhecimento técnico, às vezes, em nossas igrejas, as prioridades estão invertidas.

Acústica do ambiente: muitas de nossas igrejas são construções antigas, que, ao serem construídas, não contemplavam o uso de microfones e caixas de som. Ao contrário, foram construídas de modo que a voz se propagasse sem necessidades de artifícios eletrônicos. Por esse motivo, a regulagem de sistemas de sons nessas igrejas se torna um grande desafio. Por outro lado, constroem-se igrejas bonitas, modernas e práticas, fáceis de limpar e de se ter acesso, mas de difícil sonorização, com paredes, piso e teto feitos de materiais que refletem o som e, para piorar, em formato retangular, dificultando o trabalho dos técnicos de som.

Dois pontos sobre os quais se devem voltar a atenção quando se trata de uso de instrumentos de som na igreja.

Pessoas que fazem uso dos instrumentos: o cuidado na hora de escolher pessoas para manusear ou usar os instrumentos é muito importante. Este é um dos motivos que justifica um Curso para Proclamadores da Palavra e que neste curso se passe algumas técnicas da área de som. É comum colocarmos pessoas sem preparo técnico para operar o som, e pessoas para ler sem preparo para o uso do microfone. No caso do controle e regulagem geralmente se colocam pessoas muito jovens, cheias de entusiasmo e disposição para servir, mas sem qualquer conhecimento de técnica de som. E, pior, não se investe nestas pessoas, apesar da enorme responsabilidade que é colocada sobre elas. Sem contar o grande número de pessoas que se dizem entender de som e que gostam de mexer no sistema de som, ou de dar opiniões que em nada contribuem para a sua melhoria. Desse modo, preparar pessoas para o controle e uso dos aparelhos de som da paróquia é um procedimento muito importante. À vista disso, é preciso que nas aulas de técnica de som o professor busque despertar a consciência dos alunos sobre esses procedimentos e lhes passem algumas técnicas para o seu uso correto.

Cuidados com os equipamentos: o cuidado com os equipamentos é outro procedimento muito importante. Em primeiro lugar, é preciso que a paróquia invista em equipamentos bons e cuide deles, fazendo manutenções e colocando pessoas preparadas para operá-los. Geralmente se gasta muito em aparelhagem de som, quando na verdade bastaria investir nos dois itens anteriores. O que, aliás, representaria uma boa economia para a paróquia. Assim sendo, que nas aulas de técnica de som o professor ensine os alunos a cuidar dos instrumentos de som. Cuidados básicos, como, por exemplo, não bater no microfone para testar o som; não deixá-lo exposto ao relento sob o sol ou chuva; guardá-lo com os devidos cuidados etc.; no caso da mesa de som, não permitir que qualquer pessoa mexa nela etc. São procedimentos corriqueiros, mas que ajudam a preservar os equipamentos.

Dicas para o uso correto do microfone: aqui vão algumas dicas para uso correto do microfone que podem ser passadas nas aulas de técnica de som, em um Curso para Proclamadores da Palavra. Estas dicas servirão não apenas para o momento da proclamação da Palavra, mas sempre que precisar fazer uso do microfone, seja para ler ou não.

Temos diversos tipos de microfone nas nossas igrejas, mas talvez o de maior dificuldade de uso para quem não está acostumado seja o de pedestal. Por essa razão vou me ater ao uso deste tipo de microfone, embora algumas das dicas aqui dadas sirvam também para outros tipos de microfone.

Altura do microfone: ao utilizar um microfone de pedestal, procure em primeiro lugar ajustar corretamente a altura dele. Deixe-o a um ou dois centímetros abaixo do queixo, a não ser que a capacidade de ganho (sensibilidade para captar o som) seja muito grande, o que permite que ele fique mais afastado. Se não souber, peça que alguém faça isso antes de começar a leitura ou proclamação da Palavra.

Posicione corretamente: ao falar, evite segurar na haste, e fale sempre olhando sobre o microfone. Dessa forma o jato da voz será sempre captado. Numa palestra ou reunião, ao falar com as pessoas localizadas nas extremidades da sala, ou sentadas à mesa que dirige a reunião, normalmente posicionadas no sentido lateral, gire o corpo de tal maneira para poder sempre continuar falando com os olhos sobre o microfone.

No caso da proclamação da Palavra, use esse mesmo procedimento ao dirigir o olhar para os que estão nas laterais, mas é bom que se treine para fazer isso, pois sem treinamento a pessoa pode se perder na leitura ou se desviar do foco do microfone.

Cuidado com a voz: cuidado para não cometer um erro muito comum nos leitores principiantes, que, desejando que a sua voz seja corretamente captada, aproximam a boca do microfone, inclinando apenas a cabeça para a frente. Se for preciso segurar o microfone com a mão, para se movimentar na mesa da Palavra, o cuidado com o jato de voz deverá ser o mesmo; nesse caso não movimente a mão que segura o microfone e deixe-o sempre à mesma distância.

Atenção com o texto: a maneira de relacionar com o texto, seja o folheto ou o Lecionário, é importante para aquele que lê. É comum leitores abraçarem a haste, colocarem-se totalmente no sentido lateral, fora do campo de ganho; ou, então, colocarem o folheto ou Lecionário entre a boca e o microfone e tantas outras formas incorretas de posicionar-se. Para uma melhor comunicação na hora de proclamar a Palavra, fique posicionado em frente à haste, olhando sobre o microfone, com o folheto, ou Lecionário, sobre a mesa da Palavra. No caso de leituras onde não há pedestal, segure o folheto com a mão que fica do lado da haste, na parte lateral inferior. Essa posição é importante para facilitar a movimentação do braço quando precisar gesticular. Gesticule com o braço de um lado da haste e segure o papel do outro, para ficar naturalmente em frente ao microfone. Deixe-o a um ou dois centímetros abaixo do queixo, a não ser que a capacidade de ganho (sensibilidade para captar o som) seja muito grande, o que permite que ele fique mais afastado.

Espiritualidade

Todo proclamador da Palavra deve ser uma pessoa que tenha e demonstre espiritualidade. A espiritualidade é o diferencial de um mero leitor para um proclamador da Palavra. Ler qualquer pessoa pode, mas proclamar a Palavra é apenas para os escolhidos por Deus. Ser escolhido por Deus não quer dizer que a pessoa seja melhor que outras, mas que tenha no seu coração o desejo de servir na humildade, porém, preparado. Lembramos, assim, o provérbio popular que diz: "Deus não chama apenas os capacitados, mas capacita os que Ele chama". Desse modo, a preparação ou capacitação, através de um curso nestas modalidades, é importante para quem é ou pretende ser um proclamador da Palavra dentro e fora do templo. Quando falamos de preparação ou capacitação, não podemos deixar de lado o dado da espiritualidade.

Espiritualidade é um conjunto de ações, procedimentos e sentimentos que nos colocam diante do sagrado, diante de Deus e nos faz comunicar com Ele. É uma maneira de se relacionar com Deus, de modo que Ele faça parte de nossa vida. Disse certa vez o Dalai-Lama que "espiritualidade é aquilo que produz no ser humano uma mudança interior" (BOFF, 2001: 16). A espiritualidade é, portanto, aquilo que nos faz diferente, nos faz uma pessoa de Deus. E alguém que é de Deus revela isso na sua prática, com os seus semelhantes, com os seus atos e postura diante do sagrado. Por essa razão não basta participar da comunidade eclesial, paroquial, para ter espiritualidade. Espiritualidade é algo a ser lapidado, trabalhado, aprofundado. Se não houver esse empenho no âmbito da espiritualidade, a prática religiosa fica apenas no nível da devoção ou das atitudes mecânicas, funcionais, vazias de sentimentos religiosos, de fé e de conexão com Deus. Não é incomum encontrar em nossas paróquias pessoas que, apesar de ter boa participação nas atividades pastorais e serviços, estão vazias de espiritualidade. Fazem as coisas por tradição, competição ou *status*, ou simplesmente como fuga de problemas pessoais e familiares. Essas pessoas não costumam levar uma vida de oração pessoal, não rezam em casa com a família, não fazem retiro etc. Mesmo as que fazem tudo isso devem cultivar sua espiritualidade, porque espiritualidade é como uma planta que precisa ser regada, cuidada, para que não venha a enfraquecer e morrer. Quando morre a espiritualidade dentro de nós ficam apenas as ações mecânicas, sem sentido, que são executadas automaticamente. Por estas e outras razões, é importante que se tenha, no Curso para Proclamadores da Palavra, aulas de espiritualidade.

Nas aulas de espiritualidade podem ser tratados os seguintes temas:

O que é espiritualidade: creio que uma definição mais aprofundada de espiritualidade seja importante passar para os alunos. Muitos confundem devoção com espiritualidade. Devoção é um estágio primário da espiritualidade, mas não chega a ser espiritualidade. A espiritualidade é algo bem mais profundo. Assim sendo, dedique um tempo para definir o conceito de espiritualidade e traga exemplos concretos de espiritualidade da patrística, dos grandes santos da Igreja, da mística.

A riqueza espiritual da Igreja: isto é, as diferentes modalidades de espiritualidade. A Igreja tem um vasto acervo de história de santos que deixaram importantes legados espirituais. Procure trazer algumas destas espiritualidades e fazer um exercício prático nas aulas, como, por exemplo, a espiritualidade de Santo Inácio de Loyola, de Santa Teresa de Ávila, de São João da Cruz, de São Francisco de Assis, de São Paulo da Cruz etc., e dos movimentos mais atuais, como, por exemplo, a espiritualidade do movimento fundado por Chiara Lubich (Focolares); de Santa Faustina (Jesus misericordioso); Espiritualidade da Paixão (Jesus crucificado), entre outras.

Mística: outro tema importante de se trabalhar nas aulas de espiritualidade é a mística. Toda espiritualidade está embasada numa mística. Por essa razão, na hora de fazer a ementa das aulas de espiritualidade, coloque também o tema da mística para ser estudado e refletido com os alunos. Cabe aqui nestas aulas retomar a mística dos grandes Santos da Igreja (São João da Cruz, São Paulo da Cruz, Santa Teresa de Ávila etc.) e de outros nomes que a história da Igreja revelou, como, por exemplo, a mística de Mestre Eckhart e outros.

Carisma: o carisma é outro tema importante de se trabalhar nas aulas de espiritualidade. Sugiro que sejam abordados os diversos carismas existentes na Igreja, das congregações e ordens religiosas e quais as suas riquezas espirituais, suas contribuições para a vida espiritual dos fiéis. O recurso principal para tratar deste tema é a Bíblia. Assim sendo, que cada carisma abordado seja fundamentado com as suas respectivas passagens bíblicas.

Devoção: nas aulas de espiritualidade trate desse tema separadamente dos demais. Embora ele apareça nas abordagens sugeridas anteriormente, é bom colocá-lo na ementa, separado, e dedicar pelo menos uma aula para falar do tema. Explique e exemplifique o que é devoção e como ela está presente na Igreja. Traga exemplos dos diversos tipos ou categorias de devoções populares existentes, principalmente as praticadas nos santuários espalhados pelo Brasil. Dentro deste tema reflita sobre as promessas, os votos e ex-votos; as práticas sacrificiais ou penitenciais; as romarias; as superstições que se misturam com as devoções; a devoção aos santos, às almas, a Nossa Senhora etc. Todas essas abordagens devem ter como pano de fundo a questão principal: a espiritualidade.

Oficinas de espiritualidade: é importante que os alunos conheçam as diversas práticas espirituais existentes, que funcionam como oficinas, como, por exemplo, a Oficina de oração e vida, do Frei Ignácio Larrañaga; a *Lectio Divina*, ou leitura orante da Bíblia e outros métodos de oração que ajudem a exercitar a espiritualidade e a vida de oração.

Retiros: além de explicar e ensinar sobre retiro, procure colocar, na programação das aulas, dias de retiro para os alunos. Este exercício espiritual é muito importante e ajuda os proclamadores da Palavra a lapidar sua vida espiritual. Na parte teórica mostre o que é e como funciona um retiro. Tem muita gente que confunde retiro com encontro, com curso, palestra, dias de louvor etc. Mostre que retiro é afastar-se das agitações diárias para se encontrar com Deus no silêncio e rezar. Assim sendo, a característica fundamental de um retiro é o silêncio e a oração. Faça com que os alunos conheçam alguns modelos de retiros clássicos, como, por exemplo, os retiros inacianos (de Santo Inácio de Loyola); o retiro de Castelazzo (de São Paulo da Cruz) etc. Mostre aos alunos, na Bíblia, alguns dos momentos em que Jesus se retirou para rezar e quais eram as motivações e o contexto dos seus retiros, como, por exemplo, Jesus se retirava para rezar sempre que tinha que tomar uma decisão importante, como antes da escolha dos discípulos (Lc 6,12-16); quando tinha uma missão importante para si e para seus discípulos (Mt 14,22-27; nos momentos de angústia e de sofrimento, como no Horto das Oliveiras, antes de sua paixão, morte e ressurreição (Mt 26,36-41), entre outros momentos. O retiro prático pode servir de laboratório das aulas de espiritualidade. É importante que depois do retiro tenha uma avaliação dele para saber como cada um viveu essa experiência espiritual.

Boas maneiras e expressão corporal

Pode soar meio estranho ter aulas de boas maneiras, ou expressão corporal, em um Curso para Proclamadores da Palavra, e por isso trato de justificar de imediato a razão destas aulas. É comum ver no presbitério pessoas que não têm o mínimo de preocupação com a postura física, com as vestimentas ou com as próprias palavras. Diante disso, urge a necessidade de que se trabalhe no Curso para Proclamadores da Palavra algumas noções básicas de bom comportamento, ou boas maneiras, no presbitério.

É comum presenciar situações que chegam a ser constrangedoras, provocando mesmo mal-estar na assembleia, como, por exemplo, os das pessoas que vão proclamar a Palavra como se elas estivessem indo à praia; ou trajando outras vestes inadequadas (camisa de time de futebol, ou com frases obscenas, ou com propaganda eleitoral, ou muito curta ou justa etc.); ou cheirando a álcool, ou que sentam no presbitério como se estivessem no sofá de casa, de modo irreverente, sem nenhuma postura de compenetração ou piedade. Sem contar aquelas que vão ser comentaristas e gostam de improvisar, ou florear os comentários com palavras próprias, porém impróprias para aquele momento. Estas são algumas razões que justificam as aulas de boas maneiras e expressão corporal em um Curso para Proclamadores da Palavra.

Oratória

Ter aulas de oratória em um Curso para Proclamadores da Palavra é fundamental. Não que um leitor e comentarista tenham que ser grandes oradores, mas ter noções de oratória e aprender alguma técnica desta arte de se comunicar é muito importante para qualificar o trabalho, ou seja, a ação de quem fala em público e com o público, como é o caso de quem proclama a Palavra na missa e dos que têm a função de comentarista.

A oratória é uma arte. A arte de se comunicar, de falar bem em público e, por esta razão, é importante que os leitores e comentaristas tenham algumas aulas desta matéria no Curso para Proclamadores da Palavra. Se a oratória é a arte de falar em público, é, portanto, a arte de falar adequadamente e, de modo que todos possam entender o que se diz, é eloquência, elegância, postura perante o auditório, ou, no caso da missa, da assembleia. Da oratória se desdobram outros temas importantes para os alunos aperfeiçoarem a sua comunicação, dentre eles o autoconhecimento, pois, quando nos conhecemos melhor, sabemos lidar melhor com nossos pontos fortes e fracos e contornamos melhor a situação na hora de ler ou falar em público. O autoconhecimento é a chave para obter segurança e compreender todos os aspectos da vida. Assim sendo, as aulas de oratória devem conduzir os alunos a uma imersão dentro de si, reconhecendo os seus pontos fortes e fracos, para saber utilizá-los sempre a seu favor.

O objetivo das aulas de oratória no Curso para Proclamadores da Palavra é, entre outras coisas, treinar os leitores e comentaristas na arte de ler bem, de modo que impressionem a assembleia com a sua boa comunicação, demonstrando habilidade de se relacionar com o texto bíblico, e com isso cumpra a sua função, que é a de fazer com que a Palavra proclamada atinja os ouvintes, de modo que seja ouvida e entendida por todos. Portanto, para que isso ocorra é preciso que nas aulas sejam abordados três temas fundamentais: autoconhecimento; *marketing* pessoal e domínio do texto lido ou apresentado. Tudo isso com paixão pela comunicação. Veremos mais adiante sobre estes três pilares da oratória.

Desse modo, as aulas de oratória visam desenvolver habilidades em comunicação, com ênfase na comunicação da Palavra de Deus, utilizando as devidas técnicas para melhorar a comunicação nas celebrações, e em outras situações da vida eclesial e também na vida pessoal. Assim sendo, as aulas devem focar no auxílio da clareza na transmissão de informações contidas nos textos bíblicos, a fim de tornar o conteúdo das leituras proclamadas interessante, pertinente, organizado e de fácil entendimento, o que nem sempre é fácil devido à linguagem bíblica. Infelizmente, estes elementos da boa comunicação nem sempre estão presentes em boa parte de nossos leitores e comentaristas, que, às vezes, leem sem ter tido a devida preparação, empobrecendo, assim, o texto bíblico e privando a assembleia da riqueza da Palavra de Deus e da compreensão dela. À vista disso, para que as aulas de oratória deste curso cumpram seus objetivos, é preciso que o professor atente para os seguintes pontos:

- Fazer com que os participantes percam o medo de ler em público e ganhem segurança.
- Que os alunos possam aplicar, em um curto espaço de tempo, as técnicas de oratória aprendidas nestas aulas.
- Torne os participantes aptos a ler nas missas e nas demais celebrações litúrgicas, bem como conduzir um comentário nas celebrações e fazer apresentação com qualidade.
- Fazer com que os participantes destas aulas entendam que a leitura, ou proclamação da Palavra, é comunicação, e que comunicação é uma habilidade, e que habilidade pode ser desenvolvida, isto é, é aprendida.

Nas aulas de oratória o professor poderá tratar dos seguintes temas:
◆ Conceitos gerais a respeito de comunicação e da comunicação através da leitura na missa.
◆ Como fazer uma argumentação estratégica e quais as diferenças entre proclamar a Palavra na missa e a leitura de outros tipos de literatura.
◆ Fazer abordagem vivencial de técnicas aplicadas a apresentações com base na oratória e na neurolinguística.
◆ Como produzir e utilizar um bom recurso audiovisual, como, por exemplo, o PowerPoint, muito utilizado hoje em nossas celebrações.
◆ Como ler e falar em público com naturalidade conhecendo seu estilo, seus medos e como equilibrá-los.
◆ Como devem ser as aulas de oratória? Aqui vão algumas sugestões, mas cada professor poderá encontrar o método, técnica ou didática mais adequada para cada turma.

Fazer com que elas, as aulas, conduzam os participantes a se mostrarem, expondo-se e expondo textos que favoreçam a sua desenvoltura, sem inibição, para poder desempenhar bem a sua função de leitor e comentarista. Isso não quer dizer que durante a proclamação da Palavra eles tenham que se exibir ou se expor. Eles vão lidar nas aulas com estas situações para poder agir com naturalidade e humildade durante o exercício da função nas celebrações, que não deixa de ser uma exposição da pessoa e da Palavra proclamada.

As aulas de oratória têm a função de fazer com que os leitores "façam bonito" em público quando forem proclamar a Palavra, por isso as aulas devem também preparar os alunos para elaborar apresentações impactantes, e, sobretudo, ajudá-los a perder a timidez. Para isso, o professor terá que usar as técnicas que sabe nesta matéria para atingir tais objetivos. Além disso, as aulas de oratória devem habilitar também os leitores e comentaristas a mostrarem o potencial teórico e as estratégias de ação que eles têm, mas que estão comumente ocultas.

Seguem abaixo algumas sugestões para as aulas de oratória no Curso para Proclamadores da Palavra: desenvolver habilidades; eliminar o medo, a inibição; ler e falar com naturalidade; expressar ideias com desenvoltura, convicção e dinamismo; fazer apresentações objetivas, claras e com linguagem adequada; impostação de voz, eliminando cacoetes, ruídos na comunicação e vícios de linguagem; ensinar a usar projetor multimídia; desenvolver gestos e posturas elegantes; treinar o olhar expressivo, forte e seguro; criar empatia e simpatia em situações embaraçosas; desenvolver habilidade de liderar; falar naturalmente em pé ou sentado; saber iniciar, desenvolver e concluir reflexões; técnicas de envolvimento da assembleia.

Oficinas: que em todas as aulas os participantes falem pelo menos duas ou três vezes; apresentações filmadas e analisadas com o professor; atender os alunos em suas individualidades e particularidades; orientar os participantes e estimulá-los a desenvolver estilo próprio de comunicação; elaboração de texto escrito e lido em público.

Os três temas principais das aulas
Seguem abaixo o que chamamos anteriormente de os três pilares das aulas de oratória:

Marketing **pessoal:** a imagem que o leitor ou comentarista passa para a assembleia é muito importante. Não falamos apenas por palavras, mas por outras formas de comunicação, e a maneira como a pessoa se apresenta é uma forma de comunicação. Não basta ter uma boa dicção e ler bem, é preciso que a pessoa passe também uma boa imagem. Vale lembrar que a imagem que o leitor passa na hora de proclamar a Palavra é um dos seus maiores patrimônios. Isto porque quem proclama a Palavra na missa é reconhecido na comunidade não apenas pelo seu esforço e talento de ler bem, mas também pelo seu espírito de liderança e pela forma que ele se comunica, como se veste, como se porta no presbitério. Por essa razão, mostre para os alunos leitores e comentaristas que eles precisam investir em seu *marketing* pessoal. A aparência é muito importante. Aparência aliada a conteúdo consolida os bons comunicadores.

Falar em público: esse tema é central nas aulas de oratória e deve ser dedicado bastante tempo a ele. Mostre para os alunos que eles não podem deixar que a timidez diante da assembleia prejudique a boa comunicação da Palavra. Mostre que eles precisam dar o melhor de si ao proclamar a Palavra e que façam, portanto, uma bela leitura, de modo convincente. Portanto, devem ser ensinadas aos alunos as melhores maneiras de perder a timidez, de expor as suas ideias e de persuadir a assembleia com seu bom desempenho na proclamação da Palavra.

Desenvoltura e criatividade nas apresentações: tão importante quanto conceber boas ideias e se conhecer é saber colocá-las no papel e apresentá-las. Comunicação é tudo na liturgia da Palavra. O que torna imprescindível para um bom orador desenvolver as suas habilidades de argumentação e de postura na hora de uma apresentação em público é a sua desenvoltura no falar e a criatividade na apresentação de suas ideias. Por essa razão, é preciso que seja ensinado nas aulas de oratória algumas técnicas que ajudem na desenvoltura da apresentação de trabalhos, ou mesmo de coordenação de uma reunião, coordenação de uma assembleia ou o exercício de atividades que comumente na comunidade paroquial existe e que exige tais habilidades.

Oficinas ou aulas práticas

As oficinas são muito importantes no Curso para Proclamadores da Palavra, porque é através delas que a pessoa vai exercitar tudo aquilo que aprendeu na teoria. Por essa razão, é recomendado que em cada disciplina o professor reserve um tempo adequado para as aulas práticas, onde o aluno possa treinar antes de atuar oficialmente. Todas as disciplinas aqui sugeridas possibilitam aulas práticas. Vejamos, a seguir, algumas sugestões. Além das que são indicadas aqui, cada professor, juntamente com a equipe de coordenação do curso, poderá usar de criatividade e desenvolver outras atividades em que o aluno possa praticar o que aprendeu.

Oficinas nas aulas de introdução à Bíblia

Identificar capítulos e versículos: nestas aulas poderão ser feitos exercícios, na modalidade de competição, de busca de textos na Bíblia, citando o livro, capítulo e versículo. Quem encontrar primeiro lê o texto na mesa da Palavra, usando os recursos indicados para a leitura durante a missa. A dinâmica pode se repetir várias vezes e ser feita no final da aula ou em aulas específicas.

Palavras cruzadas: poderão ser reproduzidas palavras cruzadas, de conteúdo bíblico, e distribuídas entre os alunos para que exercitem seus conhecimentos bíblicos. As folhas poderão ser idênticas ou diferentes, a critério do professor. No caso de folhas idênticas, elas devem ser reproduzidas. Quando se utilizam folhas com exercícios diferentes, um livreto de palavra cruzada pode ser suficiente. Dependendo do número de participantes no curso, basta arrancar as folhas e distribuí-las aleatoriamente aos participantes.

Gincana bíblica: elaborar diversas perguntas, referentes ao livro da Bíblia estudado, ou a Bíblia como um todo, e distribuí-las para os participantes buscarem na Bíblia e responderem. Quem encontrar primeiro poderá ganhar um prêmio simbólico, ou real, à escolha de quem coordena a dinâmica.

Outras sugestões de gincana bíblica: Determine as regras previamente. Pode ou não consultar bíblias e livros?

◆ Opção 1: Dê a cada grupo uma folha numerada, com espaço para cada pergunta. Leia cada pergunta em voz alta e dê um pequeno tempo para responderem; passe para a pergunta seguinte. Ao final cada grupo escreve o seu nome na folha e passa para outro grupo, que fará a correção. Leia novamente cada pergunta e dê as respostas para que eles corrijam.

◆ Opção 2: Peça a cada grupo para eleger um representante. Dê a cada representante um papel com uma pergunta. Deixe-os voltar ao grupo para responder. Só serão contabilizadas respostas escritas no papel. Convide os representantes a dizerem a resposta, marque pontos para todos que acertarem. Dê um novo papel com a pergunta seguinte.

◆ Opção 3: Providencie uma campainha (ou balões de gás para estourarem) para cada grupo. Leia a pergunta em voz alta. O grupo que primeiro tocar a campainha pode responder e ganha os pontos se acertar. Se errar a pergunta passa para o outro grupo, valendo menos pontos.

◆ Opção 4: Através de sorteio determine o grupo que começa primeiro. As perguntas são feitas alternadamente entre os grupos. Se acertar ganha os pontos, se errar, passa-se para o grupo seguinte com outra pergunta. Procure ordenar as perguntas com mesmo grau de dificuldade.

Oficinas nas aulas de liturgia

Treinamento de leitura em sala de aula: é fundamental nas aulas de liturgia treinar, com os leitores e comentaristas, leituras bíblicas e de preferência as do domingo seguinte. Reproduza nas aulas o espaço da celebração e avalie a leitura dos alunos. Proceda da seguinte maneira: escolha, ou faça sorteio, ou deixe que as pessoas se coloquem como voluntárias para o laboratório de leitura. Três ou quatro pessoas por aula. Elas devem proceder conforme as orientações litúrgicas, como se estivessem participando da celebração. Os demais fazem o papel da assembleia, porém, estão avaliando a pessoa que proclama a Palavra em todos os aspectos. Enquanto a pessoa proclama, os demais observam e anotam os pontos falhos e erros para serem corrigidos. No final, faz-se um plenário, onde o grupo vai avaliar a atuação de quem leu, e quem leu vai falar do que sentiu enquanto lia. Por fim, o professor faz as suas observações e conclusões.

Participação na missa e avaliação da atuação: outro procedimento que deve ser feito é o de avaliação da atuação em uma ou mais celebrações dos alunos. Assim sendo, escolha uma ou mais missas do final de semana e escale como leitores e comentaristas alguns dos alunos. Os demais vão à missa para participar e avaliar o desempenho dos que estão atuando como leitores e comentaristas. Aqui não é representação, é participação real, e os alunos estão ali como membros da equipe de celebração e como participantes da missa, e não apenas como alunos pesquisadores. Porém, é importante que uma pessoa grave a missa toda, para que depois ela possa ser assistida e avaliada em aula. Esse procedimento ajuda a corrigir erros e tornam as aulas práticas mais dinâmicas.

Preparação e avaliação da celebração: organize uma celebração, que pode ser uma das missas do final de semana, ou outra que o grupo queira preparar exclusivamente para o curso, e distribua as funções para os grupos previamente organizados. Cada grupo deve preparar uma parte da missa e depois se reunir com os demais para colocar tudo em comum e concluir a preparação, de modo que a liturgia seja harmônica e bem preparada. Deve ser pensada em todos os detalhes. Depois que a celebração acontecer, reúna-se com o grupo e avalie os pontos positivos e negativos. Os pontos negativos devem ser anotados e corrigidos numa próxima celebração.

Teatro cômico: peça que os alunos preparem uma peça teatral com os erros mais comuns de uma celebração e representem em estilo de comédia para os demais. As apresentações devem ser rápidas, com duração de cinco a dez minutos, dependendo do número de grupos a ser apresentado. Os grupos e temas devem ser organizados e distribuídos com alguns dias de antecedência, para que os grupos se preparem adequadamente. Para avaliar a atuação dos grupos, forme uma equipe de jurados que não façam parte dos alunos. Eles podem ser professores de outras matérias do curso, ou pessoas escolhidas pela equipe, que tenham noções de liturgia e de teatro. Para concluir, o professor pode destacar o cuidado que se deve ter na liturgia para não confundi-la com teatro ou representações carnavalescas, pois esse é um grande risco que se corre nas nossas liturgias, pois a margem que separa o sublime do ridículo é muito tênue, e todo cuidado é pouco.

Recital de Salmos: outra oficina importante de ser feita em aula, ou fora dela, é o de recitação de Salmos. Pode ser escolhido um Salmo e pedir que os alunos, ou alguns deles, interpretem-no com melodias diferentes, sempre dando a entonação adequada para Salmos, conforme pede a liturgia. Depois que todos os candidatos recitarem, o grupo avalia as recitações.

Outra sugestão é fazer algo mais elaborado e apresentar na comunidade para um público maior. Se essa for a opção do grupo, procure fazer algo qualificado e divulgue bem o evento. Esse recital de Salmos pode ser feito nos moldes das cantatas de Natal, ou de apresentação de músicas, com o diferencial que sejam apenas Salmos. Pode ser feito na igreja, usando a mesa da Palavra, ou em outro local adequado. Neste caso não precisa ser o mesmo Salmo. Quanto mais variedade de Salmos, melhor fica o recital. Aqui também pode haver uma equipe de jurados, ou ser apenas um evento cultural para a comunidade, mas sempre com o olhar crítico do professor e dos alunos do Curso para Proclamadores da Palavra.

Oficinas nas aulas de eclesiologia

Conhecendo a realidade paroquial: escrevam em pequenos pedaços de papel todas as pastorais, movimentos, grupos, associações e serviços da paróquia; dobrem de modo que não seja possível ver o que está escrito nos papéis e os coloquem num recipiente, bem misturado. Depois peça que cada aluno retire um papel. O papel que o aluno retirou, contendo o nome de um destes organismos supracitados, deve ser pesquisado por ele e apresentado em aula, usando criatividade. A apresentação pode ser através de exposição oral, de imagens, de teatro, ou convidando um membro da pastoral para vir falar sobre o tema etc. O que conta aqui é a criatividade na apresentação e a profundidade da pesquisa do assunto. Caso o aluno opte por convidar alguém para falar do assunto em aula, ele deve procurar antes conhecer a pastoral e fazer um resumo para partilhar com os demais depois da apresentação ou do testemunho da pessoa convidada. Para tais apresentações será preciso algumas aulas, dependendo do número de alunos.

Olhar crítico sobre a Igreja (e a paróquia): peça que o grupo aponte, espontaneamente, as situações que mais o incomoda ou aborrece na Igreja (ou na paróquia). Vá anotando no quadro até formar uma lista de mais ou menos 15 a 20 situações. Peça que cada grupo anote a lista que vai se formando no quadro. Em seguida, durante uns vinte minutos, peça que cada um, em particular, analise e marque com um X, na sua anotação, as situações que devem ser avaliadas ou comunicadas aos demais. Cada um deve marcar de 1 a 3 situações. Em seguida, refaça a lista a partir daquilo que os alunos indicaram nas suas anotações. Após refazer a lista, o grupo se reúne para discuti-la, começando pela ordem das questões que foram mais indicadas. Após uns trinta minutos de discussão em grupo, faça um plenário onde os grupos poderão compartilhar suas reflexões e apontar os caminhos que encontraram. Ressalte as questões mais relevantes do plenário para serem aprofundadas posteriormente. O mais importante não são os desabafos pessoais, mas os caminhos que o grupo encontrou para solucionar o problema. Para ajudar na reflexão do grupo, poderão ser dadas as seguintes questões: O que está se passando com nossa Igreja (ou paróquia)? Quais são as causas disso? Quais estão sendo as consequências? Que podemos fazer para solucionar o problema?

Compromisso eclesial: reunir diversos recortes de jornais e revistas que mostrem as diferentes atuações da Igreja no campo pastoral, missionário e sacramental. Disponibilizar as cadeiras em círculo, de modo que todos possam ver o rosto da outra pessoa, deixando um espaço no centro onde estarão disponibilizados os recortes. Depois de um momento de oração e canto apropriado, referente à missão da Igreja, faça uma breve introdução, explicando a dinâmica:

Cada um deve se levantar do seu lugar e observar atentamente os recortes. Depois de um tempo de observação, escolha um dos recortes, retire-o e volte com ele para o seu lugar, de onde continuará a observá-lo. Durante a observação do recorte escolhido, cada um deve tecer suas observações e análises a partir das seguintes questões: Por que escolhi esta imagem? O que mais me chama a atenção nesta imagem? Qual a relação do que está na imagem com a minha vida e a vida da minha paróquia? Como podemos ajudar nesta situação?

Depois que todos falarem, faça uma plenária para que todos possam dizer o que de mais importante concluíram dessa dinâmica. Por fim, quem coordena deve fazer as devidas amarrações, tirando dessa dinâmica um compromisso concreto.

Oficinas nas aulas de fonoaudiologia

As aulas de fonoaudiologia devem consistir, entre outras coisas, em exercícios de correções e treinamento da voz e, por esta razão, as oficinas são fundamentais. Aqui vão algumas sugestões de oficinas de treinamento, mas o professor pode e deve buscar outras que achar conveniente fazer para que a voz de cada um seja trabalhada. Além dos exercícios que já foram indicados acima, nas aulas de fonoaudiologia podem ser feitas também as seguintes oficinas ou treinamentos:

Treino para melhorar a articulação da boca: uma boa leitura, ou proclamação da Palavra, depende também de exercícios de articulação da boca. Assim sendo, realize com os alunos exercícios que movimentem bem os músculos da bochecha, lábios e língua, e isso pode ser feito através de conversas, leituras, canto e outros exercícios apropriados. Nestes exercícios procure reforçar todo o tipo de articulação, como, por exemplo, o aluno poderá treinar a fala dizendo em alto som os dias da semana, os meses do ano, cantando alguma música ou lendo textos. Escolha, por exemplo, textos bíblicos, cantos litúrgicos e recitação de Salmos. À medida que o aluno for praticando, peça que aumente o tom de voz para tornar os exercícios eficazes. Outros exercícios podem ser indicados pelo professor fonoaudiólogo.

Exercício de leitura: sugira na aula anterior que cada aluno traga uma ou duas maçãs. Antes do exercício de leitura, peça que comam a maçã, mastigando-a bastante. A maçã, além de higienizar a cavidade oral e laríngea, promove a mastigação, que prepara e desperta a musculatura oral. Depois desse exercício com a maçã, comece o exercício de leitura, orientando cada um ao uso correto da voz.

Articulação: reúna os alunos na sala e peça que eles circulem a língua dentro da boca, com os lábios fechados. Oriente os alunos a passar a língua da direita para a esquerda por dentro dos lábios à frente dos dentes. Eles devem fazer isso umas cinco vezes para cada lado. Oriente também a fazerem exercícios com a bochecha. Por exemplo, com a língua dentro da boca, empurrar as bochechas tentando não mover o maxilar. Peça que os alunos façam isso umas dez vezes para cada lado. Depois, com a língua no céu da boca, virar em tom de fala e repetir rapidamente e bem-articulado: TRaTLa/ TReTLe/ TRiTLi/ TRoTLo/ TRuTLU. A mesma variação de vogais (A, E, I, O, U) com as ordens: BR- BL // PR-PL // DR-DL // VR-VL // ZR-ZL. Em seguida, articuladamente conversar com as palavras: PATAKA; BRADRAGRA; PLATLACA; MANANHA. Oriente que cada um escolha uma palavra livre, ou que tenha dificuldade de pronunciar, e todos juntos repetem essa mesma palavra cinco vezes o mais rápido possível.

Oficinas nas aulas de uso de som e microfone

As oficinas para o uso de microfones e utilização correta do sistema de som da igreja é muito importante para a comunicação e a proclamação da Palavra. Como já foi dito anteriormente, pouco adianta uma boa leitura, com toda técnica de impostação de voz e uso correto da língua, se a pessoa que proclama não sabe usar direito o microfone, ou se o sistema de som da igreja não está devidamente regulado, ou se é regulado por quem não entende de regulagem de som. Por essa razão, é importante que os alunos deste curso aprendam a usar corretamente o microfone e tenham algumas noções do sistema de som da paróquia. Esse último tema não será tratado aqui, mas cabe ao professor dessa matéria dar algumas aulas práticas, levando os alunos para conhecerem como funciona o som da paróquia, bem como para conhecer a acústica da igreja, para poderem adaptar a voz e o uso do microfone de acordo com esse conjunto de fatores, pois somente o uso do microfone não é suficiente para sanar o problema de som da igreja e nem o de uma boa comunicação. Assim sendo, indico aqui algumas sugestões de oficina para o uso correto do microfone. Outras técnicas podem e devem ser passadas nas aulas, de modo que os alunos saiam do curso sabendo usar corretamente o microfone e sabendo contornar situações em que não se depende apenas do microfone. Vejamos:

Ensinando os alunos a usarem microfone de lapela: reúna os alunos na sala, ou na igreja, para treiná-los sobre o uso correto do microfone na proclamação da Palavra ou para os comentários da missa. Tome um dos alunos para fazer as devidas demonstrações.

Com o sistema de som desligado, proceda da seguinte maneira: prenda o microfone na lapela (na camisa, na altura do segundo botão de cima para baixo, ou na gravata, ou ainda na blusa). Procure sempre deixá-lo na altura da parte superior do peito, pois esse tipo de microfone possui boa sensibilidade e a essa distância poderá captar a voz com perfeição. Em seguida, ligue o som e o microfone para testar a captação do som. Se estiver muito perto da boca, abaixe-o, e, se estiver muito longe, aproxime-o. Enquanto todos observam, peça que a pessoa que está fazendo o teste fale naturalmente. Recomende que, enquanto estiver falando, não mexa no fio. É comum observar leitores e comentaristas segurando, enrolando ou torcendo o fio do microfone. Às vezes, o nervosismo de quem usa o microfone faz com que, sem perceber, a pessoa segure o fio ou fique manuseando ou enrolando enquanto fala ou lê. Tocar no fio do microfone, ou no próprio aparelho, interfere na qualidade do som e na voz. Outra precaução importante a ser tomada ao usar o microfone de lapela é a de não bater as mãos ou tocar no peito, com força, próximo ao microfone, enquanto estiver lendo, falando ou proclamando a Palavra, porque esses ruídos também são ampliados, prejudicando a concentração e o entendimento da assembleia. Por se tratar de microfone de lapela, com alta sensibilidade, evite os comentaristas de fazer comentários alheios ao assunto tratado, porque sempre poderão ser ouvidos pela assembleia, como, por exemplo, os cochichos ou mesmo tosse. Lembre-se que esse tipo de microfone permite captar ruídos a uma considerável distância. Isto sem contar que, preso na roupa, sempre o acompanhará. Por essa razão, se não estiver proclamando a Palavra, fazendo a homilia, ou os comentários previamente determinados para a missa, retire ou desligue o microfone, ou evite qualquer ruído, inclusive o de voz, para não interferir na celebração. À vista disso, vale a pena alertar os leitores e comentaristas para que não se esqueçam de retirar o microfone quando terminar de proclamar, ler ou comentar a missa. Depois destas orientações, faça o teste prático, pedindo que a pessoa se dirija à mesa da Palavra, ou local adequado para o teste (caso a oficina de uso de microfone não esteja sendo feita dentro da igreja). O treino consiste na leitura de um texto bíblico, mas as observações agora recaem sobre o uso correto do microfone. Distribua os demais alunos em vários pontos da igreja, ou da sala, para que avaliem a qualidade do som e do seu uso. Enquanto isso, o professor percorre os diversos pontos da sala e faz as devidas observações. As correções poderão ser feitas durante a leitura, ou logo após. Detectando falhas, retome a leitura e procure corrigir os pontos onde elas ocorreram. Repita esse procedimento com outros alunos e com outros tipos de microfones até que tudo saia perfeito.

Treinando o uso de microfone de pedestal: os procedimentos de cuidado são similares aos indicados acima, e o teste com os alunos também, porém, com algumas recomendações próprias para o uso deste tipo de microfone. Vale lembrar que este tipo de microfone exige também alguns cuidados para sua melhor utilização. É um microfone mais comum e usado mais em auditórios, porém há igrejas que o utilizam para as celebrações.

Faça com os alunos nesta oficina os procedimentos para evitar problemas ao usá-lo e, assim, melhorar as condições da leitura, proclamação ou comentários na missa. Em primeiro lugar, verifique como funciona o mecanismo da haste onde o microfone se sustenta e se existe regulagem na parte superior onde ele é fixado. Treine esses movimentos, abaixando e levantando várias vezes a haste do microfone, observando atentamente todas as suas peculiaridades. Depois deste procedimento, peça que um dos alunos o faça também, de modo que todos vejam e aprendam como se regula a haste do microfone de pedestal. Evidentemente essa tarefa deverá ser realizada bem antes de a missa iniciar, de preferência antes das pessoas chegarem para a celebração. Não fica bem quebrar o clima da celebração testando ou regulado o microfone. Se isto não for possível, faça isso com discrição, sem chamar atenção, e peça a ajuda de outros leitores e comentaristas mais habituados com esses procedimentos, ou com o espaço e como eles se comportam com o microfone que irá usar. Já familiarizado com o mecanismo de regulagem da altura, teste a sensibilidade do microfone para saber a que distância deverá falar. Normalmente a distância indicada é de dez a quinze centímetros, mas cada microfone possui características distintas, e é prudente conhecê-las antecipadamente. Além disso, como foi dito antes, cada pessoa tem um timbre de voz e a distância do microfone pode variar de acordo com a voz. Assim sendo, peça que alguns alunos fiquem no fundo da sala e digam qual a melhor distância e qual a altura ideal da sua voz. Ao acertar a altura do microfone, procure não deixar na frente do rosto, permitindo que a assembleia veja o seu semblante. Deixe-o a um ou dois centímetros abaixo do queixo. Ao falar, ler ou proclamar a Palavra, não segure na haste e fale sempre olhando sobre o microfone; dessa forma o jato da voz será sempre captado: assim, quando falar com as pessoas localizadas nas extremidades da nave da igreja, ou sentadas nas laterais, gire o corpo de tal maneira que possa sempre continuar falando, ou lendo com os olhos sobre o microfone. Evite elevar muito a voz para não dar a impressão que se está gritando. Isso não quer dizer que deverá falar baixinho, sem energia; ao contrário, transmita sua mensagem com ânimo, com vibração, mas sem gritar. Se for preciso segurar o microfone com a mão para se movimentar na mesa da Palavra, o cuidado com o jato de voz deverá ser o mesmo; nesse caso não movimente a mão que segura o microfone e deixe-o sempre à mesma distância. Faça o teste com os alunos e corrija os erros. Procure, nesta oficina, indicar com clareza e com demonstrações práticas os procedimentos mais adequados para a proclamação da Palavra usando microfone de pedestal.

Treinando o uso de microfone de mesa: o microfone de mesa, comumente usado no ambão, ou mesa da Palavra, requer os mesmos cuidados já mencionados, com a diferença de normalmente ser apoiado sobre uma haste flexível. Ao acertar a altura não vacile, faça-o com firmeza e discrição, e só comece a ler, ou proclamar a Palavra, quando tiver posicionado da maneira desejada. Oriente os alunos a procederem da seguinte maneira: na hora da proclamação da Palavra, ou do comentário da missa, se o microfone apresentar problemas e você perceber que eles persistirão, desligue-o e fale sem microfone. Não peça opinião a ninguém sobre essa atitude, pois não é conveniente interromper a leitura por causa de falhas no microfone. Assim sendo, no caso de problemas com o microfone, siga a leitura ou proclamação naturalmente, apenas aumentando o volume da voz, de modo que as pessoas possam ouvir. A leitura ou proclamação é sua, e você, leitor ou comentarista, é o responsável pelo seu bom desempenho, com ou sem microfone. O microfone deve ajudar a leitura ou proclamação, mas não é o essencial. Portanto, se, ao contrário, atrapalhar, é preferível ficar sem ele.

Treinando o uso de microfone sem fio: treine com os alunos o uso de microfone sem fio. Aquele tipo de microfone em que o leitor, comentarista ou proclamador da Palavra segura enquanto fala, lê ou proclama. Use as orientações já dadas, porém, lembrando que a regulagem de aproximação do aparelho à boca cabe a cada pessoa, de acordo com seu timbre de voz. O mais importante é que a pessoa o segure corretamente, não o colocando muito próximo da boca e nem muito distante. Durante as oficinas de uso de microfone faça, portanto, algumas demonstrações práticas de como segurá-lo enquanto fala e peça que os alunos repitam o mesmo procedimento. Use nos laboratórios textos bíblicos para serem lidos fazendo uso deste tipo de microfone. O treino é sempre o melhor exercício.

Laboratório de gravação de voz: passe para os alunos o exercício de gravação da própria voz, pedindo que, em casa, leiam um texto gravando a própria leitura, para depois corrigir os erros. Ouvir a própria voz é a melhor forma de o aluno detectar onde ele precisa melhorar. Assim sendo, passe esse exercício para os alunos fazerem em casa e, depois, em aula; proporcione um momento para que cada um partilhe os resultados e quais os pontos que percebeu que precisa melhorar. Este exercício sempre dá bons resultados e ajuda muito a pessoa a melhorar a leitura e o uso de instrumentos de voz, como, por exemplo, o microfone. Algumas das gravações podem ser ouvidas por todos nesta aula de avaliação.

Oficinas nas aulas de espiritualidade

Lectio Divina. A *Lectio Divina*, ou leitura orante da Bíblia, é um dos principais exercícios de espiritualidade que pode ser aplicado tanto nas aulas de espiritualidade quanto nas aulas de introdução à Bíblia.

Retiro: os retiros são maneiras muito eficazes de exercitar a espiritualidade e, por essa razão, não pode faltar no conteúdo programático das aulas de espiritualidade. O mais importante é que ele seja algo que venha a contribuir, somar com as aulas de espiritualidade e com o Curso para Proclamadores da Palavra.

Exercícios de relaxamento: os exercícios de relaxamento são também uma maneira eficaz de exercitar a espiritualidade. Escolha um, dentre as tantas sugestões, e desenvolva com o grupo.

Oficina de oração e vida: as oficinas de oração e vida, do Frei Ignácio Larrañaga, são também exercícios muito eficazes para a vivência espiritual. O método proposto por esta Oficina de oração é bastante rico e eficaz no âmbito do exercício da espiritualidade. Ele pode ser adaptado por um período mais curto, ou feito integralmente, dependendo do tempo e da disponibilidade do grupo. Procure saber como ela funciona e os materiais necessários e promova-a junto com os participantes do Curso para Proclamadores da Palavra.

Oficinas nas aulas de boas maneiras e expressão corporal

Ensaios para atuar bem na missa: os ensaios são muito importantes para que se tenham boas maneiras na hora de proclamar a Palavra, ou fazer os comentários da missa. Para isso, reúna o grupo na igreja, como se fosse um dia de celebração, e faça os ensaios, mostrando o que é e o que não é correto fazer.

Treinando boas maneiras através de teatro: o professor formula os roteiros de apresentações teatrais simples, cuja duração não deve exceder quinze minutos e que devem vivenciar cenas do cotidiano na comunidade, mas de um modo especial nas celebrações, envolvendo temas de relações interpessoais que se dão no âmbito das celebrações, de modo que ajudem os alunos aprenderem boas maneiras no espaço sagrado e demais procedimentos que se deve ter durante a missa. Essas pequenas peças podem simular situações da vida da comunidade, como, por exemplo, disputa por funções, posturas erradas durante as celebrações, formas de abordagem etc. Para cada encenação haverá um grupo de "atores" e outro de "espectadores", mas todos os alunos nas diferentes peças desenvolverão ambos papéis. Durante o ensaio não deve ocorrer a prioridade de "lições de conduta" ou julgamento sobre "atitudes certas ou erradas", ainda que o aparecimento destas possa gerar uma resposta serena e coerente por parte de quem intermedia. O mediador poderá ou não introduzir o "ponto" com um ator que não aparece, ajudando os atores nas falas a serem praticadas. A apresentação de cada peça se dará de forma similar a qualquer apresentação teatral. Após a encenação deverão ocorrer os debates, envolvendo inicialmente apenas os alunos e o mediador. Nesse debate deve prevalecer a solicitação de opiniões sobre atitudes, gestos, posturas, ações ainda que as mesmas não devam suscitar julgamentos morais por parte do professor. Não existe um tempo prescrito previamente para a duração dos debates, embora os mediadores devam mostrar sensibilidade para não o prolongarem além dos limites do interesse por parte dos alunos envolvidos. Concluídos os debates, os mediadores sintetizarão as conclusões gerais, enfatizando o que levou os alunos a aprenderem com a atividade. É extremamente importante destacar que os valores e os ensinamentos conquistados necessitem ser retomados em momentos e circunstâncias diferentes, internalizando-se nas atitudes do professor, contextualizando-se aos temas curriculares desenvolvidos no Curso para Proclamadores da Palavra. Em verdade, a encenação, debate e síntese conclusiva jamais deve "encerrar" a atividade, antes abrir espaço para práticas sobre novas formas de relacionamento e emprego constante das habilidades sociais no cotidiano eclesial dos alunos. Outra possibilidade interessante é, em vez de indicar o tema, solicitar que seus alunos façam dramatizações breves sobre atitudes inadequadas dos colegas na comunidade. Geralmente as pessoas são muito criativas nessas situações e podem inclusive dar "um toque" nos colegas de forma divertida.

Analisando posturas alheias: coloque os alunos em círculo e solicite que escrevam características dos colegas, pelo menos uma positiva e outra nem tanto. Os alunos não precisam se identificar, mas terão que escrever o nome de quem está descrevendo. Quando todos terminarem, os papéis serão colocados em um saco e cada aluno se revezará para retirar um papel, ler o que há nele e debater sobre o colega em questão. Isso ajudará os alunos a fazer uma reflexão e o professor poderá aproveitar e discutir a situação falando de boas maneiras, de limites e de respeito aos demais.

Oficinas nas aulas de oratória

Nas oficinas de oratória, treine os alunos a falar em público, ensinando-lhes algumas técnicas. É o que vamos propor aqui, porém o professor deve enriquecer essa parte prática com outras técnicas e oficinas que ajudarão os leitores e comentaristas a desempenhar bem as suas funções.

Leitura de texto: como proclamadores da Palavra terão diante de si um texto bíblico para proclamarem, é importante que façam os devidos treinamentos. Aqui vão algumas sugestões: Em sala de aula, escolha alguns para que se dirijam à frente e leiam um texto bíblico enquanto os outros observam e avaliam. O que avalia? Avalie a segurança do leitor, a impostação de voz, o olhar para a assembléia, o tom de voz que a pessoa usa, a postura do corpo, das mãos etc. Depois que a pessoa fizer a leitura, peça que os demais falem sobre o que perceberam na leitura, apontando o que achou correto e o que poderia melhorar. Depois que todos falarem, o professor completa com o seu ponto de vista, indicando os pontos que é preciso melhorar. Se for necessário, repita a leitura buscando corrigir as falhas.

Exercício de impostação de voz: a base da impostação da voz é uma respiração baixa e relaxada, e isso exige certo treino. Vejamos a seguir os exercícios que o aluno deverá fazer diariamente até que o corpo se acostume com essa movimentação e ele possa respirar naturalmente na hora da leitura, sem que isso interfira na proclamação da Palavra. Vale lembrar que a respiração baixa deverá fazer parte da vida da pessoa. Ou seja, ela deverá acontecer também na fala, e não somente na hora que for proclamar a Palavra ou ler um texto.

Exercício de respiração: inspirar pelo nariz, abaixando o diafragma. Não deixar o peito estufar, tendo a sensação de estar enchendo somente a barriga, pois o movimento é abdominal. Soltar pela boca, dosando com "F". Faça esse exercício várias vezes e ele poderá ser repetido em todas as aulas, pois toma pouco tempo. Outra técnica de respiração é inspirar e soltar o ar em jatinhos curtos, com pequenos golpes na região do umbigo.

Exercício para manter a voz bem colocada: soprar, enchendo a bochecha de ar e apertando os lábios, a fim de evitar a saída do ar, como se estivesse enchendo uma bola de borracha. Soltar em "F".

Vejamos alguns pontos essenciais para ler, ou proclamar bem a Palavra:

Entusiasmo: ler com o coração. Sentir e acreditar no que está lendo ou proclamando.

Clareza: ler devagar, pronunciando e articulando de modo inteligente. Não comer os finais das frases e nem das palavras. Para isso, abra bem a boca e faça muitos exercícios de leitura.

Ênfase: dar a força de expressão necessária para a palavra ou a frase. A ênfase é a chave para levar ao significado do que está escrito. Sem a ênfase a palavra fica apagada, sem graça.

Modulação e entonação: é a variedade na inflexão do tom da voz. É preciso saber entonar as frases interrogativas, imperativas e exclamativas.

Naturalidade: a voz deve sair livre, sem esforço.

Pausa: essencial para uma boa locução, leitura ou proclamação, mas isso também precisa ser dosado, é a pausa. Ler sem pausas é algo mecânico, é simplesmente soltar as palavras sem tom nem som, é pronunciar palavras sem sentido.

Serenidade: não se deve correr, cada palavra tem seu próprio ritmo. Do contrário, a preocupação em fazer bem vai arrasar seus nervos e a fala vai refletir este estado de alma.

Ritmo: regulado, sem atropelar e sem ficar monótono. O próprio texto vai indicando onde se deve mudar o ritmo. As coisas tristes, normalmente, são ditas devagar. Já as descrições são feitas um pouco mais rápido. Quando se dão ordens, um pouco mais rápido e enérgico.

6 | Procedimentos de quem proclama a Palavra

Já tivemos a oportunidade de tratar de alguns procedimentos de quem proclama a Palavra, mas é importante retomar esse tema, pois ele é essencial em um curso desta natureza. Assim sendo, a primeira coisa a fazer é saber a diferença entre ler e proclamar.

Leitura é algo que se faz de um texto qualquer e proclamação é algo que se faz da Palavra de Deus. Deste modo, durante a missa se proclama a Palavra e não a lê. Embora exista essa diferença, há quem de fato apenas lê a Palavra e não a proclama. Por essa razão, um Curso para Proclamadores da Palavra é algo muito importante.

Além dessa diferenciação básica que se deve fazer, há outros procedimentos importantes que o proclamador da Palavra e o comentarista devem saber.

Procedimentos para os comentaristas

Sua função é: fazer a abertura da celebração, acolhendo a todos através de um pequeno texto introdutório, ou espontaneamente; ler às intenções da missa; dar os avisos finais (se estes não forem dados pelo presidente da celebração).

Assim sendo, qual é o papel do comentarista? Ele é uma espécie de anfitrião, aquele que recebe e acolhe verbalmente os que chegam para a missa. É o comentarista que faz a abertura da celebração, desejando boas-vindas, inteirando a assembleia do contexto litúrgico da celebração e anunciando o início dela. Desta maneira, evite ler textos muito extensos, palavreados desnecessários, ou improvisar. Se a acolhida for espontânea, isto é, sem ter nas mãos um texto escrito, procure elaborar, mentalmente, o que será dito para não dizer besteiras ou coisas que nada tenham a ver com a celebração.

Outro procedimento importante do comentarista saber é sobre a leitura de intenções da missa. A maioria dos fiéis gosta de ouvir, no início da missa, as intenções, principalmente quando se marcou alguma. Há paróquias que possibilitam a leitura das intenções um pouco antes do início da celebração. Outras que permitem a leitura após o comentário inicial, de acolhida. Outras que as leem na hora da oração da coleta e outras que não as leem, mas as colocam sobre o altar, ou em local apropriado, a folha ou livro de intenções. Qual é o mais correto? O mais correto é ter um procedimento que não interfira na harmonia da celebração.

Outro procedimento a ser evitado é o de fazer comentários desnecessários antes das leituras ou em outros momentos da celebração. Portanto, evite ler comentários das leituras antes de elas serem proclamadas. É totalmente desnecessário esse procedimento.

Quanto aos avisos finais, eles podem ser dados pelo comentarista, porém, quando é dado pelo presidente da celebração, a assembleia presta mais atenção. Caso os avisos sejam dados pelo comentarista, procure falar com clareza e objetividade. Evite se estender, floreando os avisos com comentários desnecessários e até redundantes. Isso só contribui para tornar a celebração cansativa.

Quanto à procissão, obviamente o comentarista é o único membro da equipe de celebração que não entra com ela na procissão inicial, porém, ele sai junto com a equipe, na procissão final. Portanto, siga a equipe na hora de deixar o presbitério, conforme pedem as normas litúrgicas. Depois, coloque-se à disposição para ajudar a guardar os materiais usados durante missa, caso isso seja necessário, ou vá até a porta para se despedir das pessoas, juntamente com os membros da Pastoral do Acolhimento (se houver).

Além disso, o ideal é que as pessoas que desempenham a função de comentarista na missa façam parte de alguma pastoral. A mais indicada é a Pastoral da Acolhida ou Ministério do Acolhimento.

Todo bom comentarista é uma pessoa que exercita a sua espiritualidade através de uma vida de oração. Afinal, o comentarista da missa é uma pessoa que tem a função de "costurar" as partes da celebração, para que ela se desenvolva num todo harmônico, dentro do mistério celebrado, e não pode ser uma pessoa meramente profissional, como um comentarista de um evento qualquer, não religioso. Para isso, não basta estar presente na celebração apenas no dia que irá desempenhar essa função. É preciso ter frequência assídua nas celebrações, participar de retiros e levar uma vida de oração pessoal e comunitária. Além disso, é importante estar em dia com os sacramentos e confessar periodicamente etc.

Procedimentos para proclamadores da Palavra

Proclamar as leituras bíblicas na missa não é algo tão simples como muitos imaginam. Essa função exige da pessoa uma série de requisitos que nem sempre todos possuem. É algo muito sério e rigoroso que carece de preparação e disposição da pessoa que irá desempenhar essa função. É o que vamos ver aqui, nestas orientações de procedimentos. Antes, porém, quero lembrar o que já foi dito antes: os textos bíblicos não devem ser simplesmente lidos, mas proclamados. Aqui está a diferença fundamental entre uma leitura bíblica e uma leitura de um texto qualquer. Quem proclama a Palavra de Deus empresta a Ele os seus lábios, a sua língua e a sua voz para que a Palavra de Deus seja proclamada, anunciada à assembleia que a ouve atentamente. É preciso, *a priori*, ter essa consciência para poder desempenhar com respeito e sabedoria a Palavra de Deus. Para poder conferir-lhe a dignidade que ela merece.

Quem vai proclamar a Palavra na missa deve se preparar com antecedência. Não é correto escolher leitores de última hora. Esse procedimento revela não apenas desorganização litúrgica da comunidade, mas também desrespeito com a Palavra de Deus. A preparação prévia consiste na leitura e meditação do texto antes de proclamá-lo. O ideal seria que cada leitor soubesse e se preparasse pelo menos uma semana antes da proclamação da Palavra para a assembleia, durante a missa. Um método muito eficaz para essa preparação prévia é a *Lectio Divina*, como vimos anteriormente. Feito esse procedimento, o leitor está preparado para proclamar a Palavra durante a missa. Não tenha receio de dizer não quando alguém lhe convidar, de última hora, para fazer uma leitura bíblica na missa. Diga à pessoa que lhe convidou que você não está preparado, mas, se ela desejar, você poderá fazer a leitura na próxima semana. Assim você terá tempo de se preparar conforme o indicado acima.

Todo proclamador da Palavra deve ser uma pessoa responsável. Ao assumir proclamar a Palavra de Deus durante a missa, ela deve ter alguns procedimentos que revelem o seu compromisso com Deus, com a equipe de celebração e com a assembleia. Assim sendo, não falte ao seu compromisso. Caso surja algum imprevisto, ligue antes para a pessoa responsável pela liturgia e avise da impossibilidade de comparecer. Quanto antes ela for avisada, mais tempo terá de buscar outra pessoa e esta, por sua vez, preparar-se adequadamente. Quem assume proclamar a Palavra de Deus e no dia não aparece e nem dá satisfação é uma pessoa irresponsável e não merece exercer essa função sagrada.

Seja também uma pessoa organizada. A organização não deve ser apenas da parte de quem vai proclamar a Palavra, mas de toda a equipe de liturgia e de celebração. O ideal é ter uma escala dos leitores da semana e das missas dominicais e solenidades, numa espécie de rodízio, em que todos, em algum momento, proclamariam a Palavra em uma (ou mais) destas celebrações. Com a escala fica mais fácil as pessoas se organizarem de acordo com a sua agenda. Assim, o leitor teria tempo de se preparar adequadamente, ou de buscar outra pessoa, no caso de não poder estar presente naquela data. É muito desagradável chegar a hora da celebração e não ter ninguém para proclamar a Palavra. Quando isso ocorre, a equipe de liturgia dá demonstração de sua desorganização. Outros elementos fazem parte da organização e os veremos mais adiante.

Seja também um discípulo fiel. A fidelidade faz parte da responsabilidade e da organização. Um proclamador da Palavra fiel é aquele que comparece ao seu compromisso com antecedência. Quem é fiel ao compromisso assumido chega, ao menos, quinze minutos antes do início da celebração. O ideal mesmo é chegar meia hora antes. Assim, terá tempo de consultar o lecionário e verificar se as leituras estão marcadas corretamente; verificar se a versão do Lecionário é a mesma que ela se preparou. Se não for, dá tempo de fazer uma leitura rápida antes da proclamação. Quem falta mais de uma vez seguida na sua escala de proclamação da Palavra, sem justificativa convincente, demonstra falta de fidelidade, exceto se for por motivo de doença. Deve-se, portanto, evitar convidá-la para proclamar a Palavra. A fidelidade consiste também em se ater no texto e não floreá-lo com palavras, termos ou expressões que não estão no livro, como, por exemplo, dizer ao término da proclamação "Palavras do Senhor". O correto é dizer Palavra do Senhor, no singular e não no plural, conforme se encontra no Lecionário. Ou então pronunciar palavra de modo incorreto. Esse é um erro muito comum entre os leitores, principalmente entre aqueles que não fazem uma preparação prévia. Ao ter dúvida em como se pronuncia determinada palavra, pergunte a quem sabe. A pronúncia errada pode se tornar algo cômico e tirar a concentração da assembleia ou daqueles que perceberam o erro. É importante também manter fidelidade às normas litúrgicas. Aja conforme a equipe de liturgia da comunidade orienta, para que a celebração seja harmônica. Algumas destas orientações serão colocadas no decorrer deste livro. Enfim, sejam fiéis a Deus, sendo fiéis à comunidade, ao seu compromisso, às normas litúrgicas e ao texto sagrado.

Vale lembrar que o proclamador da Palavra faz parte da equipe de celebração e, como tal, deve agir em conjunto com essa equipe. Agir em equipe significa que a função que ele irá executar não é um ato isolado. Desse modo, reúna-se com a equipe de liturgia previamente e com a equipe de celebração alguns minutos antes de iniciar a missa. Faça uma oração com a equipe, na sacristia, antes de iniciar a missa; saiba quem são os outros leitores; verifique qual leitura a outra (ou outras) pessoa irá proclamar. Pode ocorrer de ter havido algum equívoco de duas pessoas estarem com a mesma leitura; ocupe o seu lugar na procissão de entrada; no presbitério, dirija-se ao seu lugar e aguarde a sua vez de proclamar a Palavra; permaneça no presbitério até a missa terminar e saia junto com a equipe.

Ele deve cuidar dos seus procedimentos e postura antes, durante e depois da celebração, tendo uma postura adequada desde a procissão de entrada até o término da missa. Durante a procissão de entrada, o lugar dos leitores é logo após o cruciferário e o turiferário. Após o início do canto de entrada, dirijam-se ao presbitério de dois em dois, calculando uma distância de aproximadamente dois metros um do outro, de quem está à frente, e um metro e meio de quem está ao lado. Fica desarmônico quando se está muito próximo, como se estivessem amontoados na procissão. Muito distante também dá a impressão de excesso de visibilidade. Lembre-se, não é uma entrada de casamento ou qualquer outro evento que se enfatize, individualmente, quem está entrando. A procissão de entrada, embora seja um momento solene da celebração, deve ser feita com discrição e sobriedade. Quem dela participa deve se preocupar em conferir-lhe esta característica. Portanto, posicione-se corretamente, calculando a distância e a sincronia com quem caminha a seu lado. Evite andar muito rápido ou muito devagar na procissão. Caminhe normalmente. Durante a procissão, mantenha as mãos unidas na altura do coração e evite ficar acenando para as pessoas que estão nos bancos. Se tiver que cumprimentar alguém, cumprimente discretamente com um leve aceno com a cabeça ou um sorriso discreto. Quem pode cumprimentar a todos – porém de modo também discreto – é o presidente da celebração. Olhe sempre para frente. Evite ficar olhando para os lados e, em hipótese alguma, olhe para trás. Ao chegar diante do presbitério e da cruz, exposta pelo cruciferário, faça a vênia ou reverência, também de dois em dois, sincronicamente, isto é, ao mesmo tempo, e se dirija para o seu lugar no presbitério.

Os proclamadores da Palavra devem permanecer todo o tempo da celebração no presbitério, em lugares previamente preparados para eles. Desse lugar eles só sairão na hora da proclamação da Palavra e da comunhão, caso ela não seja distribuída no lugar onde eles se encontram. Durante a celebração deve-se estar atento ao que acontece a sua volta e ter o olhar voltado para quem estiver desempenhando a ação litúrgica. Por exemplo, quando alguém está proclamando a Palavra, volte o olhar para a mesa da Palavra. Enquanto o presidente da celebração estiver desempenhando as funções do altar ou da proclamação da Palavra, esteja com o olhar voltado para ele, e assim sucessivamente. Evite atitude de dispersão ou qualquer outro comportamento que desmereça a celebração ou quem estiver desempenhando suas funções litúrgicas. Não se esqueça de que você, proclamador da Palavra, está diante do olhar atento da assembleia.

Antes e depois de proclamar a Palavra, o leitor deve se dirigir à frente do altar para a vênia ou reverência. Assim deve ser o procedimento: após a oração do dia, não havendo entrada da Bíblia, o leitor que irá proclamar a primeira leitura se dirige até a frente do altar, faz a vênia ou reverência e se dirige para a mesa da Palavra. Diante da mesa da Palavra repete o gesto e inicia a proclamação da Palavra. Em seguida, deixa a mesa da Palavra e se dirige novamente até a frente do altar, onde se encontra com o salmista. Ambos fazem a vênia ou reverência. O leitor volta para o seu lugar e o salmista se dirige à mesa da Palavra. Repete o mesmo gesto do leitor anterior, proclama, canta ou recita o Salmo, dirige-se para a frente do altar, onde se encontra com o leitor da segunda leitura. Juntos fazem a vênia ou reverência. O salmista volta para o seu lugar e o leitor proclama a segunda leitura, seguindo o mesmo procedimento dos dois primeiros. São estes os momentos que se faz vênia ou reverência durante a missa: diante da cruz e do altar, na procissão de entrada; diante do altar, antes e depois de proclamar a Palavra; diante da mesa da Palavra, antes de proclamar a leitura, ou toda vez que tiver que passar diante do altar, durante a celebração.

Lembre-se sempre que a proclamação da Palavra é o ápice da sua função na missa. Foi para esse momento que você se preparou. Assim sendo, procure proclamá-la adequadamente, seguindo os procedimentos anteriores (da vênia ou reverência) e cuidando para que a Palavra proclamada seja ouvida e entendida pela assembleia. Lembre-se sempre: o leitor não lê para si próprio, mas para os outros. Portanto, preocupe-se com a boa dicção, com o uso correto do microfone, em pronunciar as palavras e frases corretamente, em direcionar o olhar tanto para o texto quanto para a assembleia, sem se perder. Esteja atento ao olhar, à voz, à postura na mesa da Palavra. Inicie a proclamação da seguinte maneira (no caso da primeira leitura): "leitura do livro do Profeta Isaías". Nada de ler capítulos e versículos, de ler comentários que porventura venham antes da leitura, ou alguma outra frase do próprio Lecionário. Isso, em vez de ajudar, confunde as pessoas. Basta identificar o livro, conforme foi indicado acima, e iniciar a leitura, lendo pausadamente, respeitando a pontuação e respirando na hora certa. Ao concluir a leitura, diga apenas "Palavra do Senhor", olhando para a assembleia. Não invente expressões do tipo "Palavras do Senhor", "estas são Palavras do Senhor", "para quem crê estas são Palavras do Senhor" e tantas outras expressões inadequadas para esse momento. Para proclamar a Palavra use um tom de voz natural, a sua voz, sem forçar ou representar. Não tente mudar a voz, ou imitar alguém, porque isso soa falso e teatral. Seja você mesmo. Ler bem não significa representar um papel, ou agir como se estivesse num teatro, num programa de auditório ou apresentando um telejornal. Basta aplicar as técnicas de uma boa leitura e estará cumprindo da melhor maneira a sua função litúrgica.

Salmista

Quanto ao salmista, ele tem um papel muito importante dentro da Liturgia da Palavra. Muitos confundem o salmista como se ele fosse apenas um membro da equipe de canto e coral. Os salmistas podem até fazer parte desta equipe, porém eles irão proclamar a Palavra de Deus como os demais proclamadores da Palavra. O Salmo não é um canto qualquer. Assim sendo, ele deve ser proclamado na mesa da Palavra e não diretamente do coral, como alguns insistem neste procedimento. Por se tratar de Palavra de Deus, de gênero poético, quem for proclamá-la deve dar uma entonação distinta para que se diferencie das demais proclamações.

Por essa razão, aconselha-se que, sempre que for possível, o Salmo seja cantado. Porém, independentemente da forma como ele for proclamado, o salmista deve fazê-lo na mesa da Palavra. Além disso, o salmista deve se preparar adequadamente para proclamar o Salmo. Estude bem a melodia a ser usada e cuide para que todos entendam a letra do Salmo. Não se deve colocar melodia de cantos populares, do universo profano, nos Salmos. Procure usar as melodias aprovadas pela Igreja. Jamais substitua o Salmo por nenhum outro canto ou versões dos Salmos. A letra deve ser tal e qual a que se encontra no Lecionário. O Salmo pode ser acompanhado por instrumento ou a capela, porém nunca o instrumento deve sobrepor à voz do salmista. Quem tem que sobressair, aparecer, é a letra do Salmo, com sua melodia, e não os instrumentos que o acompanham. Use de bom-senso na hora de cantar o Salmo. Se perceber que não tem condições, proclame-o, lendo de modo claro e pausadamente. Fica bem recitar as estrofes e a assembleia, juntamente com a equipe de canto, cantar o refrão. Durante as missas semanais, não havendo salmista, quem proclama a primeira leitura poderá também recitar o Salmo, cuidando sempre para lê-lo de modo distinto da primeira leitura.

Outra recomendação fundamental para os proclamadores da Palavra é quanto ao uso do Lecionário. A Igreja tem seus livros próprios para a celebração. Assim sendo, quem proclama as leituras deve proclamá-las a partir do Lecionário, que é o livro oficial da Igreja preparado para esta finalidade. Assim sendo, o leitor não deverá proclamar as leituras através de folhetos ou qualquer outro subsídio que não seja o Lecionário, exceto quando não o tiver. São três os Lecionários: 1) Lecionário dominical – Ano A, B e C, onde se encontram as leituras correspondentes aos domingos e solenidades; 2) Lecionário semanal, com as leituras da semana, correspondente ao ano; 3) Lecionário santoral, para as missas dos santos, dos comuns, para as diversas necessidades e votivas. Com estes três importantes livros, o leitor não precisa se preocupar em levar para a mesa da Palavra subsídios que são apenas para a assembleia acompanhar a celebração. É importante que os leitores saibam manusear o Lecionário. Para isso, o contato do leitor com esse livro não pode se resumir apenas na hora da proclamação da Palavra. É importante que se tenha um contato prévio com o livro, aprendendo a manuseá-lo para encontrar com mais facilidade as leituras. O Lecionário é um livro que traz as explicações necessárias, basta dedicar um pouco de tempo e consultá-lo.

Os proclamadores da Palavra precisam saber que a celebração é um conjunto harmônico, em que cada pessoa que nela atua tem o seu papel, e este papel está relacionado um com o outro, formando um todo. Quando alguém não desempenha bem o seu papel, o conjunto da celebração é prejudicado. Assim sendo, é preciso estar atento com todo o conjunto da celebração e não apenas com a parte que irá desenvolver. Dentro deste conjunto, a sintonia com quem preside é fundamental. Todos os membros da equipe de celebração devem estar atentos ao presidente, e isso vale também para os proclamadores da Palavra. É o presidente quem conduz a celebração e todas as ações convergem para as que ele desenvolve. O presidente da celebração é como se fosse o regente de um coral. Num coral, o olhar, a voz e a postura corporal dos cantores convergem para o regente. Na celebração acontece algo similar. O regente dela é o seu presidente. Os demais precisam estar atentos aos seus procedimentos. Isso, porém, não pode intimidar o leitor e deixar que o medo ou a insegurança atrapalhem o bom desempenho de sua leitura.

Outra recomendação importante para os proclamadores da Palavra é o controle da ansiedade. Por essa razão sugerimos aqui aulas de psicologia e treinamento. É comum que uma pessoa fique nervosa antes de proclamar uma leitura bíblica na missa. Se isso ocorre com você, não se assuste, porque a sua dificuldade não é uma exclusividade sua. A maioria das pessoas fica nervosa nestas horas, até mesmo as que já desempenham esta função há muito tempo. O que difere é na maneira com que cada um lida com esta situação. Alguns conseguem disfarçar bem, já outros deixam transparecer o desconforto, e isso o atrapalha ainda mais. O que fazer nestas horas? Desenvolver algumas técnicas que disfarçam o nervosismo é a solução. Aqui vão algumas sugestões: a primeira delas é não dizer para as pessoas que você está nervoso. Controle-se. Antes de ler, não fique pensando na ação que vai fazer. Você já teve tempo para isso antes de vir à igreja. Portanto, preste atenção no que está acontecendo no momento. Viva o momento atual da celebração e não o que irá acontecer depois. Quando chegar a sua vez de proclamar a Palavra, faça tudo com muita calma. Levante-se calmamente, dirija-se aos locais previstos (frente do altar para a vênia e mesa da Palavra). Ao chegar diante da mesa da Palavra, firme os dois pés no chão e evite ficar movimentando o corpo. Algumas pessoas, quando ficam nervosas, movimentam o corpo descontroladamente como meio de conter o nervosismo. Esse procedimento só escancara a ansiedade. O mesmo cuidado deve-se ter com as mãos. Elas revelam a tensão do leitor. Alguns transpiram muito pelas mãos. Outros tremem ou as movimentam de um lado para outro para disfarçar o tremor. O mais correto é posicionar as mãos uma de cada lado do livro e mantê-las firmes, assim ninguém irá perceber que elas estão trêmulas ou úmidas. Concentre-se na leitura e não nas pessoas que estão na assembleia. Ao olhar para a assembleia, não olhe para uma pessoa específica, mas para os últimos bancos. Assim você não verá apenas uma pessoa, mas a todos, e todos terão a impressão de que você está olhando para todos indistintamente. O tempo de uma leitura é muito breve, portanto, evite ficar enxugando o rosto durante a proclamação, nem escovando a garganta. Faça isso antes ou depois. Não fique mexendo no microfone. Só faça isso se ele estiver na posição errada, mas faça apenas uma vez. Ao errar uma palavra, siga adiante. Nem todos percebem. Interromper a leitura e pedir desculpa pela pronúncia de uma palavra errada só evidencia a falha. Peça desculpas se for algo mais sério, como, por exemplo, iniciar a leitura errada e ter que retomar outra. Leia com voz firme e procure passar segurança ao interlocutor. Treine antes, isso evita falhas e ajuda a controlar a ansiedade.

Tenha cuidado também em relação às vestes. O mais indicado é que a paróquia tenha vestes apropriadas para os seus proclamadores da Palavra. Esse procedimento resolve o problema daqueles que se vestem de modo inadequado para o exercício desta função, escandalizando a assembleia. Além das vestes próprias para a celebração, todo proclamador da Palavra que se preza e respeita as coisas sagradas toma alguns cuidados pessoais antes de proclamá-la.

Uma dúvida que sempre surge em nossas paróquias e demais comunidades eclesiais é sobre quem pode ser proclamador da Palavra. É bom que se tenha alguns critérios, e o primeiro deles é o da preparação. Daí a necessidade de se promover um Curso para Proclamadores da Palavra, de modo que capacite pessoas para essa função. Além disso, é preciso que se tenham alguns critérios, como, por exemplo, a faixa etária. Podemos então perguntar: Há uma faixa etária ideal para ser proclamador da Palavra na missa? Diria que não, mas é bom tomar alguns cuidados quanto a esse quesito. Uma vez que a liturgia da Palavra faz parte do "coração" da celebração, uma Palavra mal proclamada faz com que a celebração perca sua eficácia e seu brilho. Assim sendo, evite pedir que crianças proclamem a Palavra, exceto se for missa com crianças. Mesmo assim, que elas estejam devidamente preparadas, que leiam bem e que saibam fazer uso do microfone. Que possam cumprir as recomendações dadas a proclamadores da Palavra de qualquer idade. O mesmo serve para pessoas com idade avançada. Elas precisam se locomover com facilidade, enxergar bem e ter boa dicção. Enfim, que possam cumprir as exigências que se faz a um bom proclamador da Palavra. Quanto a pessoas com deficiências físicas, deve-se facilitar o máximo o acesso delas ao presbitério, à mesa da Palavra e ao livro, o que, dependendo do tipo da deficiência, nem sempre é algo fácil. Podendo cumprir com as exigências aqui elencadas, qualquer pessoa poderá proclamar a Palavra na missa.

Em suma, todo proclamador da Palavra deve ter algum tipo de formação para exercer com qualidade esse ministério. Formação significa participar de Cursos para Proclamadores da Palavra (leitores e comentaristas) como este ora proposto. Se a sua paróquia oferece este curso, participe. Se não oferece, busque saber onde eles são oferecidos (em outras paróquias, na diocese etc.).

Por fim, é bom que se tenha na paróquia uma escala de proclamadores da Palavra para todas as missas. Assim, evita-se que a coordenação da equipe de celebração tenha que improvisar pessoas para essa função tão importante. Os proclamadores da Palavra devem ficar atentos ao dia e hora de sua atuação na missa. Para não esquecer, marquem os dias de sua atuação na agenda. Se não tiver agenda, encontre uma forma de não esquecer esse compromisso. Na impossibilidade de comparecer, avise com antecedência os responsáveis, como foi orientado anteriormente.

Por fim, vale a pena colocar algo sobre os assessores, ou professores, do Curso para Proclamadores da Palavra.

Mostramos no início que, para o bom êxito do Curso para Proclamadores da Palavra, é necessário que se trabalhe em equipe. Tal equipe deve ser composta de uma boa coordenação e de bons assessores, e é dela que será tratado agora.

Assessores são aqueles que irão ministrar as aulas da grade curricular do curso e, por essa razão, podem ser chamados também de professores. Assim sendo, assessores ou professores são parte fundamentais do curso, e por essa razão devem ser bem escolhidos. É preciso que sejam pessoas bem preparadas na matéria que irá ministrar e que tenha boa participação na Igreja. Esses dois critérios são muito importantes, pois deve haver no curso uma integração entre a teoria e a prática. À vista disso, aponto três critérios que devem ser levados em conta na hora de compor a equipe de assessores ou professores do Curso para Proclamadores da

Palavra: formação na área; conhecimento da realidade eclesial e envolvimento pastoral na comunidade paroquial.

Além destas, há outras quatro características que devem ser reveladas no decorrer do curso, por parte dos professores ou assessores, e que a equipe de coordenadores deve estar atenta a elas: responsabilidade; fidelidade à Igreja; empenho e desempenho.

À vista disso, há algumas características que devem ter quem ministra as aulas ou assessora o Curso para Proclamadores da Palavra. São apontamentos para detectar o perfil de um bom assessor ou professor. Vejamos algumas destas características: acessível; sensível; disponível; interessado; esforçado; humilde; paciente; pessoa de fé; ter autoridade sem ser autoritário.

Vejamos agora como o bom professor, ou assessor, deve proceder para contribuir com o Curso para Proclamadores da Palavra: preparar bem as aulas; ser fiel aos horários; ter uma boa didática; providenciar os recursos didáticos e pedagógicos a ser utilizados nas aulas; preocupar-se com o aprendizado dos alunos; saber conciliar teoria e prática; avaliar.

Estes são, portanto, alguns apontamentos sobre os professores, ou assessores, do Curso para Proclamadores da Palavra. Muitas outras características poderiam ser apontadas aqui, mas creio que estas já são suficientes para que a paróquia tenha um quadro de professores aptos para a missão de ensinar pessoas a proclamarem a Palavra.

7 | Procedimentos de avaliação do curso e dos seus participantes

Avaliar é um procedimento muito importante, porque ao avaliar detectamos o que está sendo bom e positivo no curso e o que está falhando e precisa ser melhorado. Sem avaliar fica difícil de saber se o curso está dando bons resultados e se os alunos estão aprendendo. Isso serve para todas as ações e não somente para cursos e aulas. Porém, há quem não goste de avaliações ou de ser avaliado, porque toda avaliação expõe uma realidade. Se algo é feito e não é avaliado, não há como melhorar, pois toda avaliação tem um propósito fundamental que é qualificar pessoas e ações. Assim sendo, proponho aqui alguns procedimentos de avaliação, tanto dos participantes do curso como para o curso propriamente dito. Não são avaliações com o intuito de aprovar ou reprovar, mas com o objetivo de melhorar, qualificar, capacitar pessoas para o exercício de algo tão nobre como a missão de proclamar a Palavra de Deus.

Avaliação dos participantes do curso

Em primeiro lugar, trato da avaliação dos participantes do curso. É importante que cada professor, ou assessor, encontre uma maneira de avaliar os alunos em relação a sua matéria. Porém, evite usar aqueles procedimentos tradicionais que muitas vezes as escolas usavam para classificar ou rotular os alunos entre os melhores e piores, ou como ameaça de reprovação. Não é este o objetivo da avaliação dos alunos neste curso ora proposto. A avaliação dever ser uma ferramenta para alcançar o principal objetivo do Curso para Proclamadores da Palavra, que é capacitar pessoas para exercer tão nobre função na Igreja e torná-los discípulos e missionários de Jesus Cristo, preparados para os desafios de comunicar a Palavra ou de anunciá-la não apenas na paróquia, durante as celebrações, mas também fora dela, nas terras mais distantes, como, por exemplo, na missão *ad gentes*.

Assim sendo, o importante é encontrar caminhos para medir a qualidade do aprendizado e oferecer alternativas para o crescimento dos participantes do curso em relação a sua visão eclesial e sua missão na Igreja. Essa avaliação deve ser feita, como já foi dito, por matérias, e, no final do curso, poderá ser feita uma ampla avaliação do conjunto todo das matérias dadas, para assim se ter uma noção dos conhecimentos adquiridos no curso e do crescimento que ele trouxe na vida de cada participante.

Desse modo, a avaliação deve ser vista como reorientação para um aprendizado melhor, um desenvolvimento dos alunos, da atuação deles na comunidade e na sociedade e para a melhoria do Curso para Proclamadores da Palavra. Portanto, ao avaliar os participantes, avaliar aquilo que foi ensinado.

Avaliação das matérias e do curso

Faça também uma avaliação do curso, buscando melhorar naquilo que for necessário. Elabore um método e formulários que contribuam para tal avaliação.

Avaliação de professores ou assessores

Vimos que, para o bom êxito do Curso para Proclamadores da Palavra, não basta avaliar apenas os alunos. É importante também avaliar o próprio curso na sua estrutura, conteúdo e organização, bem como as matérias que compõem sua grade curricular. Para completar o ciclo de avaliações e melhorar ainda mais o curso proposto, sugiro que os professores ou assessores também sejam avaliados. Essa avaliação poderá ser feita pela própria equipe que coordena o curso e pelos alunos, ou por ambos. Cada paróquia deve buscar a forma mais adequada de avaliar, sem, contudo, ferir sensibilidades, tendo em conta a caridade pastoral.

Enfim, seguem algumas indicações de outros procedimentos que ajudam na organização e realização do Curso para Proclamadores da Palavra.

Além dos procedimentos indicados anteriormente, coloco aqui outros que ajudarão no aperfeiçoamento e na realização do Curso para

Proclamadores da Palavra. São procedimentos práticos, que favorecem a equipe de organização do curso e a atuação dos agentes no dia a dia de suas paróquias.

Este capítulo é uma espécie de síntese de como preparar na paróquia o Curso para Proclamadores da Palavra, porém acrescentando também outros elementos que ainda não foram tratados. Os que já foram vistos voltarão de modo sintetizado, facilitando o entendimento e a visão de conjunto da organização do curso aqui proposta. As indicações aqui colocadas seguem a ordem da organização e preparação do curso: composição e formação de uma equipe; o cadastro de professores ou assessores; divulgação do curso; fichas de inscrição; taxa de inscrição e contribuição mensal; cerimônia de encerramento do curso; investidura dos novos proclamadores da Palavra e comentaristas; certificado de conclusão do curso; escala para atuação nas celebrações; confecção de vestes litúrgicas; reciclagem dos proclamadores da Palavra e comentaristas.

Estes são alguns procedimentos e cuidados que se devem ter ao realizar na paróquia um curso para tais finalidades. Além destes, outros procedimentos podem ser acrescentados. Faça tudo de modo que o curso ganhe cada vez mais qualidade e prepare de fato as pessoas para o exercício de tão nobre função.

Considerações finais

Ter na paróquia pessoas capacitadas para proclamar a Palavra é algo que demonstra não apenas zelo pelo sagrado, mas um verdadeiro comprometimento com aquilo que se tem de essencial na Igreja, a Palavra de Deus. Dela derivam todas as demais ações eclesiais. Ela é a base, o motor que move a vida eclesial, o combustível da espiritualidade e da vivência cristã. Assim sendo, investir na formação de leitores e comentaristas, isto é, de proclamadores da Palavra, é o primeiro passo para se ter uma paróquia em estado permanente de missão, comprometida com as propostas do Reino de Deus. Deste modo, o objetivo deste livro é, essencialmente, ser uma ferramenta para a preparação e qualificação destes agentes de pastoral.

O conteúdo aqui exposto, bem como as dinâmicas e sugestões, podem ser aplicados conforme foram indicados, ou adaptados de acordo com a realidade da paróquia. Podem ser ampliados ou reduzidos, desde que sejam mantidos as orientações, procedimentos e conteúdos essenciais para uma boa qualificação dos agentes. Tudo isso em vista do valor que a Palavra de Deus deve ter em nossa vida cristã e de comunidade.

Para concluir, vale recordar os comentários de Santo Agostinho sobre os Salmos, do dia de Santa Cecília (22 de novembro), na *Liturgia das Horas* (p. 1.469), e estendê-los para outros livros da Bíblia, de modo que qualquer texto bíblico seja proclamado com a dignidade que ele merece. Diz Santo Agostinho que se deve cantar, isto é, salmodiar, proclamar a Palavra de Deus com a vida e não apenas com a língua. Ele enfatiza que se deve cantar bem porque estamos cantando em primeiro lugar para Deus, e Deus merece o melhor. Quantas vezes em nossas celebrações encontramos pessoas tão despreparadas para cantar o Salmo que acabam por empobrecê-lo pela maneira que cantam ou que o proclamam. "Canta para Ele, mas não cantes mal", diz Santo Agostinho. "Ele não quer que seus ouvidos sejam molestados." Se for para cantar mal, é melhor que não cante. Cante de modo que agrade a Deus e aqueles que lhe ouvem cantar. Cantar bem não é exibicionismo, é amor ao canto sagrado. Essa recomendação vale para todos os demais textos bíblicos que são proclamados durante a liturgia da Palavra. Santo Agostinho recomenda que se cante, ou proclame a Palavra com jubilação. Cantar com jubilação é cantar com o coração e cantar com o coração não se explica com palavras, é sentimento, é vivência daquilo que se canta. É um canto que brota da alma. "Júbilo é um som a significar que do coração brota algo impossível de se expressar." Assim devem ser cantados os Salmos e proclamados os demais textos bíblicos, pois todos, indistintamente, são Palavra de Deus, e a Palavra de Deus merece ser proclamada com dignidade, isto é, com beleza, amor e eficácia.

Com estes propósitos concluo este subsídio, na esperança que ele ajude nossas paróquias e demais comunidades eclesiais na capacitação dos seus leitores e comentaristas. Que cada agente de pastoral se empenhe na sua própria preparação, tanto pessoal quanto comunitária, de modo que a Palavra seja bem proclamada e colocada em prática também da melhor maneira.

REFERÊNCIAS

ANTONIAZZI, A. et al. (orgs.). *ABC da Bíblia*. São Paulo: Paulinas, 1981.

BAUMAN, Z. *Comunidade* – A busca por segurança no mundo atual. Rio de Janeiro: Zahar, 2003.

Bíblia Sagrada – Edição Pastoral. São Paulo: Paulus, 1990.

BOFF, L. *Espiritualidade*: um caminho de transformação. Rio de Janeiro: Sextante, 2001.

BORTOLINI, J. *A missa explicada parte por parte*. 4. ed. São Paulo: Paulus, 2007.

CELAM. *Documento de Aparecida* – Texto conclusivo da V Conferência Geral do Episcopado Latino-Americano e do Caribe. São Paulo/Brasília: Paulus/Paulinas/CNBB, 2007.

CNBB. *Diretrizes Gerais da Ação Evangelizadora da Igreja no Brasil –* 2011-2015. São Paulo: Paulinas, 2011 [Col. Documentos da CNBB, n. 94].

_____. *Presbítero, anunciador da Palavra de Deus, educador da fé e da moral da Igreja*. Brasília: CNBB, 2010 [Subsídios Doutrinais, n. 5].

_____. *Projeto Nacional de Evangelização* – O Brasil na Missão Continental. São Paulo: Paulinas, 2008 [Col. Documentos da CNBB, n. 88].

_____. *Missão e ministérios dos cristãos leigos e leigas*. 4. ed. São Paulo: Paulinas, 1999 [Col. Documentos da CNBB, n. 62].

_____. *O que é ecumenismo?* – Uma ajuda para trabalhar a exigência do diálogo. São Paulo: Paulinas, 1997.

_____. *Celebração da Palavra de Deus*. São Paulo: Paulus, 1995 [Subsídios da CNBB, 3].

_____. *Orientações para a Celebração da Palavra*. 6. ed. São Paulo: Paulinas, 1994 [Col. Documentos da CNBB, n. 52].

_____. *Animação da vida litúrgica no Brasil*. São Paulo: Paulinas, 1989 [Col. Documentos da CNBB, n. 43].

DURKHEIM, É. *As regras do método sociológico*. São Paulo: Martins Fontes, 2003.

HUMMES, C. *Sempre discípulo de Cristo* – Retiro espiritual do papa e da Cúria Romana. São Paulo: Paulus, 2002.

IGLESIAS, M.E. *Um retiro com o Pai-nosso*. São Paulo: Loyola, 1992.

LAPLANTINE, F. *Aprender sociologia*. 11. reimp. São Paulo: Brasiliense, 1998.

LIMA, M. *Para fazer um retiro* – 2. Rio de Janeiro: CRB, 1994.

MADUREIRA, A. *Formação para leitores e comentaristas*. Uberlândia: A Partilha, 2006.

Missal Romano. São Paulo: Paulus, 1991 [Trad. CNBB].

MORAES, A.J. *Liturgia e música* – Para uma pastoral litúrgica de canto na celebração. Rio de Janeiro: Paróquia Nossa Senhora do Brasil, 2011.

PEREIRA, J.C. *Equipes de celebração* – Orientação e subsídio. Petrópolis: Vozes, 2011.

_____. *Interfaces do Sagrado* – Catolicismo popular: o imaginário religioso nas devoções marginais. Aparecida: Santuário, 2011.

_____. *Espiritualidade da Paixão* – Retiro de Castellazzo e o diário de São Paulo da Cruz. São Paulo: Arte & Ciência, 2002.

POLITO, R. *Superdicas para falar bem em conversas e apresentações*. 7. reimp. São Paulo: Saraiva, 2005.

_____. *Vença o medo de falar em público*. 8. ed. São Paulo: Saraiva, 2005.

SANTO AGOSTINHO. "Dos comentários sobre os Salmos". In: *Liturgia das Horas*. Vol. IV: Tempo Comum, 18ª-34ª Semana. Petrópolis/São Paulo: Vozes/Paulinas/Paulus/Ave Maria, 1995, p. 1.469-1470.

Vaticano II: mensagens, discursos, documentos. 2. ed. São Paulo: Paulinas, 2007.

O AUTOR

JOSÉ CARLOS PEREIRA é padre passionista, professor licenciado em Filosofia; bacharel em Teologia; mestre em Ciências da Religião e doutor em Sociologia. É autor de mais de 45 livros publicados no Brasil e no exterior. Tem se especializado em gestão do Terceiro Setor, com ênfase em paróquias. Publicou artigos em revistas e jornais nacionais e internacionais. Foi pesquisador-bolsista do CNPq (Conselho Nacional de Desenvolvimento Científico e Tecnológico) e expôs diversas pesquisas em congressos de universidades brasileiras e estrangeiras. Tem participado de bancas de defesa de tese e em outros eventos acadêmicos. É membro do Núcleo de Estudos Religião e Sociedade (Nures), do Programa de pós-graduação em Ciências Sociais da PUC/SP; é articulista da *Revista Paróquias & Casas Religiosas*, da qual também faz parte do conselho de conteúdo, e participou das pesquisas do Ceris (Centro de Estatística Religiosa e Investigações Sociais), fazendo a análise sociológica das suas últimas pesquisas sobre a realidade do clero brasileiro. É assessor do CCM (Centro Cultural Missionário), de Brasília/DF, organismo da CNBB, e ministra cursos e palestras em paróquias e dioceses do Brasil. Mais informações curriculares encontram-se na Plataforma Lattes do CNPq. Endereço eletrônico: http://lattes.cnpq.br/3087275365776123 e na sua página pessoal: www.pejosecarlospereira.com.br

Conecte-se conosco:

- facebook.com/editoravozes
- @editoravozes
- @editora_vozes
- youtube.com/editoravozes
- +55 24 2233-9033

www.vozes.com.br

Conheça nossas lojas:
www.livrariavozes.com.br

Belo Horizonte – Brasília – Campinas – Cuiabá – Curitiba
Fortaleza – Juiz de Fora – Petrópolis – Recife – São Paulo

EDITORA VOZES LTDA.
Rua Frei Luís, 100 – Centro – Cep 25689-900 – Petrópolis, RJ
Tel.: (24) 2233-9000 – E-mail: vendas@vozes.com.br